MARK
麦客文化

学会保护自己

远离儿童性侵犯行动指南

龙 迪 著

全国百佳图书出版单位

化学工业出版社

·北 京·

这是一本远离性侵犯的未成年人行动指南。作者以儿童权利和性别平等为框架，邀请孩子在阅读中认识儿童性侵犯现象，学习识别、防范与应对儿童性侵犯的方法，从而提升自我保护的权利意识。未成年人及其家长、老师都可以从本书中获得远离性侵伤害的专业指引。

图书在版编目（CIP）数据

学会保护自己：远离儿童性侵犯行动指南 / 龙迪著 .
—北京：化学工业出版社，2019.9（2024.2重印）
ISBN 978-7-122-34786-2

Ⅰ . ①学… Ⅱ . ①龙… Ⅲ . ①性犯罪 - 未成年人保护
法 - 中国 - 指南　Ⅳ . ① D924.344-62

中国版本图书馆 CIP 数据核字（2019）第 133631 号

责任编辑：张　曼　龚风光　　　　　　　　装帧设计：梁　潇
责任校对：杜杏然

出版发行：化学工业出版社（北京市东城区青年湖南街13号　邮政编码 100011）
印　　装：北京新华印刷有限公司
880mm×1230mm　1/32　印张 5½　字数 200 千字　2024 年 2 月北京第 1 版第 5 次印刷

购书咨询：010-64518888　　　　　　　售后服务：010-64518899
网　　址：http://www.cip.com.cn
凡购买本书，如有缺损质量问题，本社销售中心负责调换。

定　价：49.80元　　　　　　　　　　　　　　　版权所有　违者必究

你的身体不容侵犯

　　在有些大人的眼里，现在的你只是一个小孩，可以完全被大人支配。他们认为，你就应该听大人的话！大人叫你做什么,你就要做什么。如果你不听大人的话，你就不是好孩子。你同意这个说法吗?

　　如果你说"不一定,那要看大人叫小孩做的事情是什么",那么，你绝对不是什么"不听话的坏孩子"。相反,你是个有主见、有礼貌的好孩子。请为自己感到自豪吧!

　　你的这种有主见的想法很对! 如果大人叫你做的事是对的、好的,是对你自己或别人的身心健康有益的,你可以去做。比如,早睡早起、吃健康食物、学习知识、增加本领、分担家务、友善交流……相反, 如果大人叫你做的事是错的、坏的, 也就是对你自己或别人身

心健康有害的，你就坚决不能做，而且还要尽快告诉值得你信赖的大人，让他们帮助你摆脱危险和困境。比如，抽烟、喝酒、打架、骂人、偷东西、欺负别人……

不过，有时候，大人叫你做的事情究竟是好是坏，并不是那么明显，而是让你觉得怪怪的，有好的感受，也有不好的感受，反正说不清楚。比如，他/她可能会找机会单独和你在一起，然后想要触摸或观看你的身体，或者想要让你触摸或观看别人的身体，包括他/她自己的身体，还可能告诉你说：这是你们两个人之间的秘密，不能告诉别人，甚至不能告诉你的爸爸妈妈。他/她为了达到这个目的，甚至显得对你很好，比如夸奖你、给你一些好处（礼物、金钱、分数等），让你感到自己很特别、受优待。他/她可能会说，很"爱"你。可是这种"爱"却让你感到不舒服、不自在，甚至很有罪恶感。这个时候，你可要提高警惕：这个人想要对你做的事情，很可能就是性侵犯❶！

---

❶ 也称作"性侵害"或"性侵"。本书使用"性侵犯"一词，目的是强调，性侵行为本质上是对儿童权利的侵犯，不一定有看得见的身体伤痕。

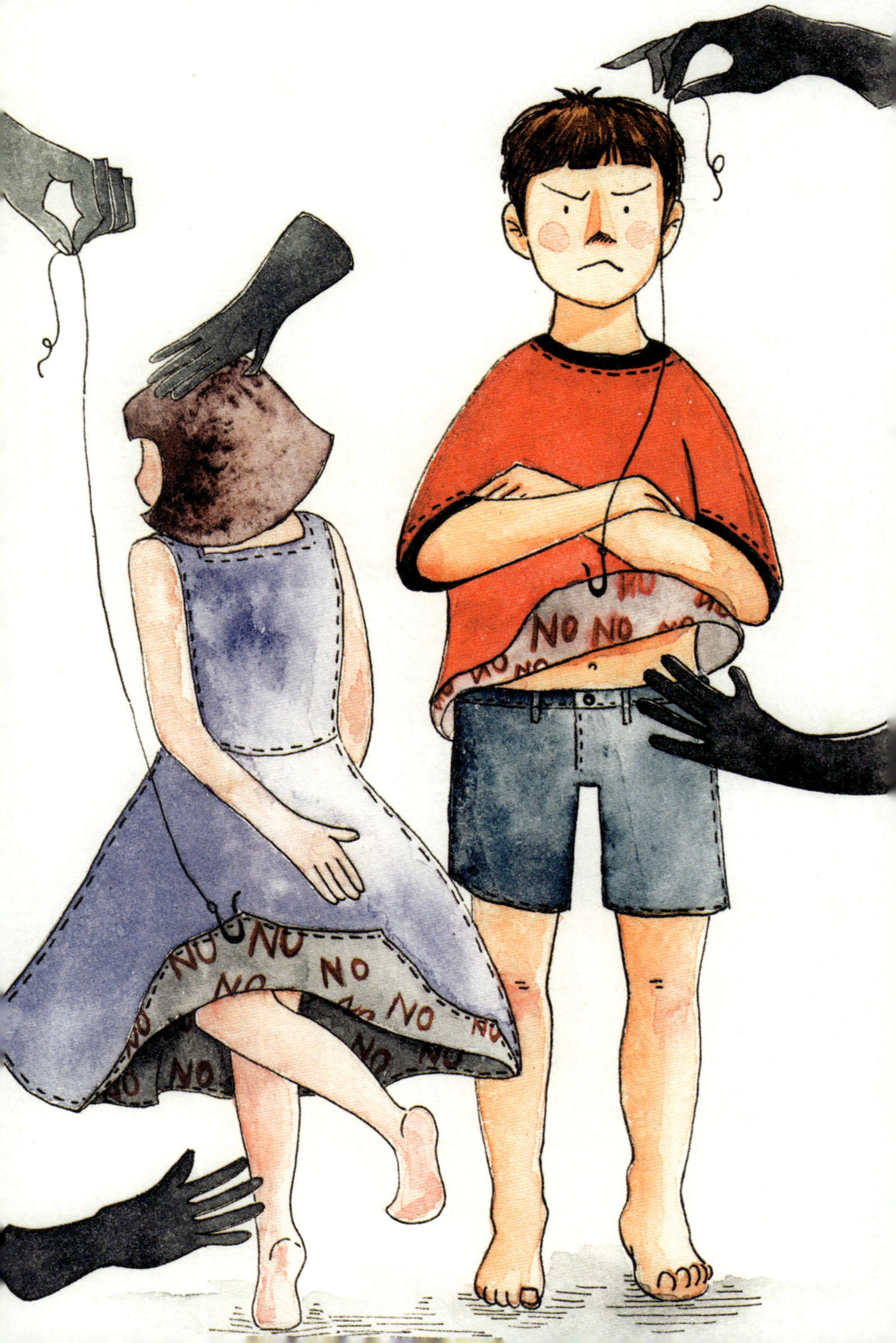
NO NO NO
NO NO NO NO NO

全世界四十多年的研究表明，如果缺乏成年人的有效保护，每个儿童都有可能受到性侵犯，无论是哪个国家、哪个种族、哪个年龄、哪个性别、哪个性取向。本质上，性侵犯是一种侵犯儿童权利、危害儿童身心健康的暴力行为，甚至是违法犯罪行为。性侵犯会给儿童造成不同程度的心理伤害，有时会造成身体伤害，因此，每个成年人都有责任保护儿童避免受到性侵犯的伤害。每个儿童都有权利保护自己不受性侵犯的伤害，包括有权利及时向成年人寻求帮助。

联合国《儿童权利公约》规定，儿童享有四大基本权利，包括生存权、受保护权、发展权和参与权❶，不分年龄、性别、种族和国籍。任何人都不能侵犯儿童的基本权利！如果有人想要对你做出性侵犯行为，那

---

❶ 生存权——每个儿童都有其固有的生命权和健康权，包括有权接受可达到的最高标准的医疗保健服务；受保护权——不受危害自身发展影响的、被保护的权利，包括保护儿童免受歧视、剥削、酷刑、虐待或疏忽照料，以及对失去家庭的儿童和难民儿童的基本保证；发展权——充分发展其全部体能和智能的权利，儿童有权接受正规和非正规的教育，以及儿童有权享有促进其身体、心理、精神、道德和社会发展的生活条件；参与权——参与家庭、文化和社会生活的权利，儿童有参与社会生活的权利，有权对影响他们的一切事项发表自己的意见（表达权）。

么这个人不仅会侵犯你的身体权、隐私权，还会侵犯你的生存权（生命权和健康权）。如果你已经年满14岁，达到国家法律规定的性自主年龄，那么，性侵犯者的行为就是违背你的意愿，侵犯你正当的性自主行为权利。所以，即使是你的爸爸妈妈和老师，也绝不能性侵犯你！全世界所有儿童都应该得到成年人的保护！

那么，谁是"儿童"呢？联合国《儿童权利公约》规定，"儿童"是指18岁以下的任何人——不仅包括小婴儿和上幼儿园的小孩，还包括小学生、中学生以及没上学的孩子，就是中国法律规定的"未成年人"。

如果你的年龄不到18岁，且你的阅读能力达到小学三年级以上，你就是本书最合适的读者。如果你读不懂书中的部分内容，可以向你身边值得信赖的成年人请教，让他们给你讲解。如果你感到书中有些内容比较浅显，也可以略去不读。你以后需要时，再重新查阅。

保护儿童避免遭受性侵犯的伤害，是每一个成年人的责任！不过，儿童主动行使自己的权利，也是一股不可小觑的力量。在我们这个尚不完美的世界里，这股力量尤其重要。当你身处危险时，你有权利直接采取行动保护自己的人身安全。当你需要帮助时，你有权利向值得你信赖的成年人寻求帮助。当成年人对你疏于照顾和保护时，你有权利提醒和请求他们承担起照顾和保护你的责任。

儿童有受（成人）保护的权利，儿童也需要具备自我保护的意识。这就是本书的两个目的：第一，鼓励、肯定、支持你提升自我保护的意识和能力，以便更好地发挥自我保护的作用（包括主动寻求成年人帮助），从而（部分地）实现你受保护的权利，减少遭受性侵犯的风险；第二，帮助你学会明辨是非，不要做有可能对别人造成伤害的事情，包括不要对别人做出性侵犯的行为。

这本指南以"儿童的身体不容侵犯"作为贯穿全书的主题。内容包括：第一章（认识儿童性侵犯）、第二章（识别与防范）、第三章（应对与保护）。希望你通过阅读本书能够明白：你应该有权利，你可以有能力，你需要有保护，你不能欺负人！

目录

第二章 识别与防范

第三章 应对与保护

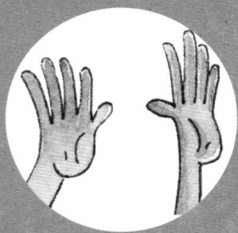

第一章

认识儿童性侵犯

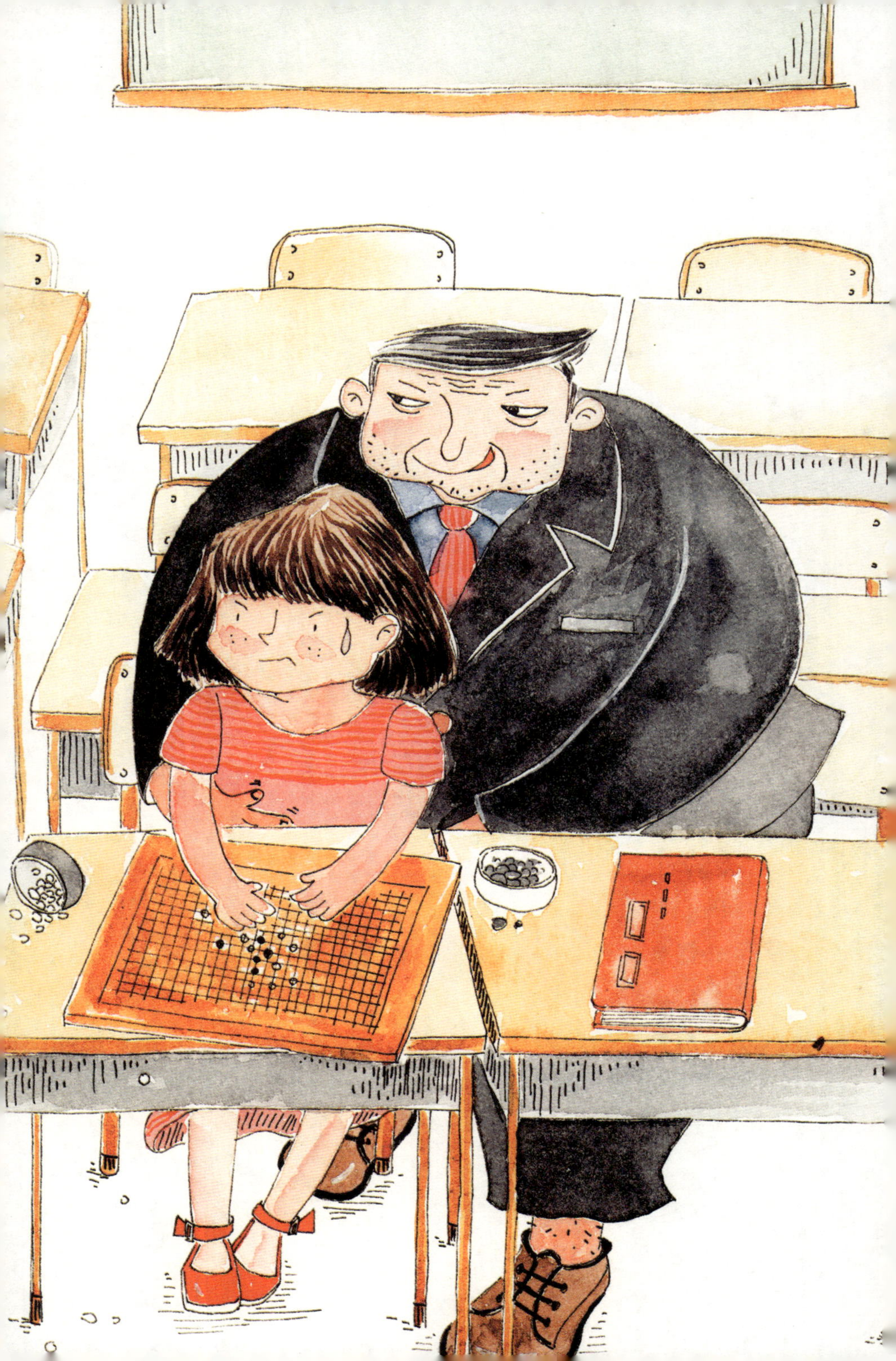

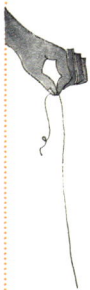

开篇故事

2017 年新学期的第一天，林中小学的学生们都特别兴奋，因为校长在开学典礼上告诉他们一个好消息：从这个学期开始，学校将与校外的培训机构合作，开设许多培训班。每个孩子都可以根据自己的兴趣爱好来选择不同的培训班。培训班的老师都是从知名的培训机构邀请来的，每个老师都"大有来头"。听到这一消息，家长们都纷纷叫好。这个培训班不仅在学校开设，而且还全免费，这样既放心又省钱的培训班自然受到了家长们的欢迎，几乎所有的学生都自愿报名参加了不同的培训班。

三年级二班的恩恩，从小就对围棋很感兴趣。她和好朋友小可相约一起去上围棋课。听校长介绍，教围棋的宫老师是市里有名的围棋高手，水平自然没得说，好多小朋友都争着抢着要来宫老师这边上课，恩恩和小可也是好不容易才报上了名。

上课第一天，宫老师走进了教室，他看起来五十多岁的样子，微胖的身材，看上去十分和蔼。宫老师做了自我介绍，他说，自己从小就喜欢围棋，也喜欢小朋友，现在可以教同学们上围棋课，特别开心。恩恩和小可对宫老师的第一印象都特别好。

在那之后，每周二和每周四放学后，宫老师都会到学校里给孩子们上围棋课。这天下午，恩恩、小可和其他同学早早就在教室里等，宫老师如约而至。可是这次宫老师讲的知识有点儿难了，恩恩没有学明白，放学之后，恩恩和小可主动留下来找宫老师补习。宫老师看到恩恩对学围棋这么感兴趣，也很高兴，主动走到她的课桌旁给她辅导。

认真听课的恩恩并没有察觉到，此时宫老师一边讲解一边靠近恩恩，慢慢地，身子几乎要贴到恩恩的后背了。见恩恩没有反抗，宫老师便更加放肆起来，他居然将手伸进了恩恩的裙子里。老师的这一动作，吓坏了恩恩，她一时间不知所措。八岁的恩恩心中充满了恐惧和疑惑，宫老师不是给我讲课吗，他为什么要摸我呢？恩恩想不明白。（待续第二章）

——引自央视《守护明天》❶节目《培训班里的"黑手"》

（有删节）

————————————

❶《守护明天》是最高人民检察院和中央广播电视总台自2017年开始联合制作的未成年人法治系列品牌节目，目前已播出三季。该节目以真实案例为基础，采用检察官说案、专家研讨、情景再现、现场互动等多种形式，讨论未成年人保护问题。本书"开篇故事"选自《守护明天》第二季由广东省佛山市高明区检察院王文婷检察官讲述的真实案例。

这是由检察官讲述的真实故事。当宫老师靠近恩恩的身体，并把手伸进她的裙子里时，恩恩感到恐惧和疑惑，但是恩恩并不知道，宫老师正在对她进行性侵犯！

什么是儿童性侵犯

儿童性侵犯是指，成年人或大孩子（如青少年），或年纪虽小但有权势的孩子，利用权威、武力、金钱或其他哄骗方式，威逼或引诱另一名儿童卷入不能完全理解或无法表达知情同意的性活动，为的是利用儿童做性工具，满足这些人自己的性需要或其他需要。

世界卫生组织概括世界各地儿童性侵犯现象时，更着重强调，儿童性侵犯的核心是侵犯者滥用权力差异，侵犯儿童权利。即"使尚未发育成熟的儿童参与其不能完全理解，或无法表达知情同意，或违反法律，或触犯社会禁忌的性活动。对儿童进行性侵犯的人可能是成年人，也可能是年龄较大或相对比较成熟的其他儿童；他们相对于受害者在责任、义务或能力方面处于优势地位"。就是说，以大欺小，或以强凌弱，这些做法都是错误的。

性侵犯行为会以多种形式表现出来。

身体接触性侵犯行为是指与儿童发生身体接触实施的性侵犯行为。例如，触碰儿童的隐私部位；让儿童触碰别人的隐私部位 ❶；或者把阴茎、手指或异物插入儿童的阴道、肛门、口腔等。侵犯者触碰儿童的隐私部位或者让儿童触碰别人的隐私部位时，可能用手，也可能用嘴、舌、生殖器官等身体部位，甚至是异物。身体接触性侵犯行为是严重的性侵犯行为，极有可能属于违法犯罪行为，必须受到法律严惩！

非身体接触性侵犯行为是指在儿童面前暴露生殖器，或者迫使儿童暴露隐私部位；观看儿童的隐私部位；让儿童观看别人的隐私部位；对儿童说的话过分关注、

---

❶ 我们每个人都有一些身体部位是不可以让别人随意观看或触摸的，这就是隐私部位。隐私部位男女不同。男孩的隐私部位是内裤遮盖的部位，包括阴茎、阴囊和屁股。女孩的隐私部位是背心、内裤遮盖的部位，包括乳房、乳头、阴部和屁股。

取笑或侮辱隐私部位，用猥琐的语言进行性挑逗；要儿童脱光衣服让别人观看或拍照／录影；让儿童观看别人脱光衣服的样子或图片／影像、电影、网站；隔着衣服触摸儿童的隐私部位；偷看儿童洗澡、换衣服、上厕所等。这些行为虽然没有直接接触到儿童的身体，因为也会对儿童产生不利影响和心理伤害，同样属于对儿童的性侵犯行为。

互联网性侵犯行为是指利用微信、短信、QQ 或电子邮件等网络工具，利用虚拟年龄、性别、身份等信息，获得儿童的信任，然后给儿童传色情图片或影像，或者要求儿童在互联网视频镜头前脱光衣服做不雅动作；利用儿童制作色情图片／影像，保留或在互联网上传播；甚至用传播色情图片／影像来威胁并要求儿童线下见面，做出身体接触性侵犯行为或其他性剥削行为。

其他形式　下列行为也属于性侵犯儿童的行为，包括以儿童为主体制作色情物品或者图像资料等，引诱、强迫儿童卖淫或者提供其他与性有关的服务等。

性探索不是性侵犯！同龄儿童之间会因为好奇而

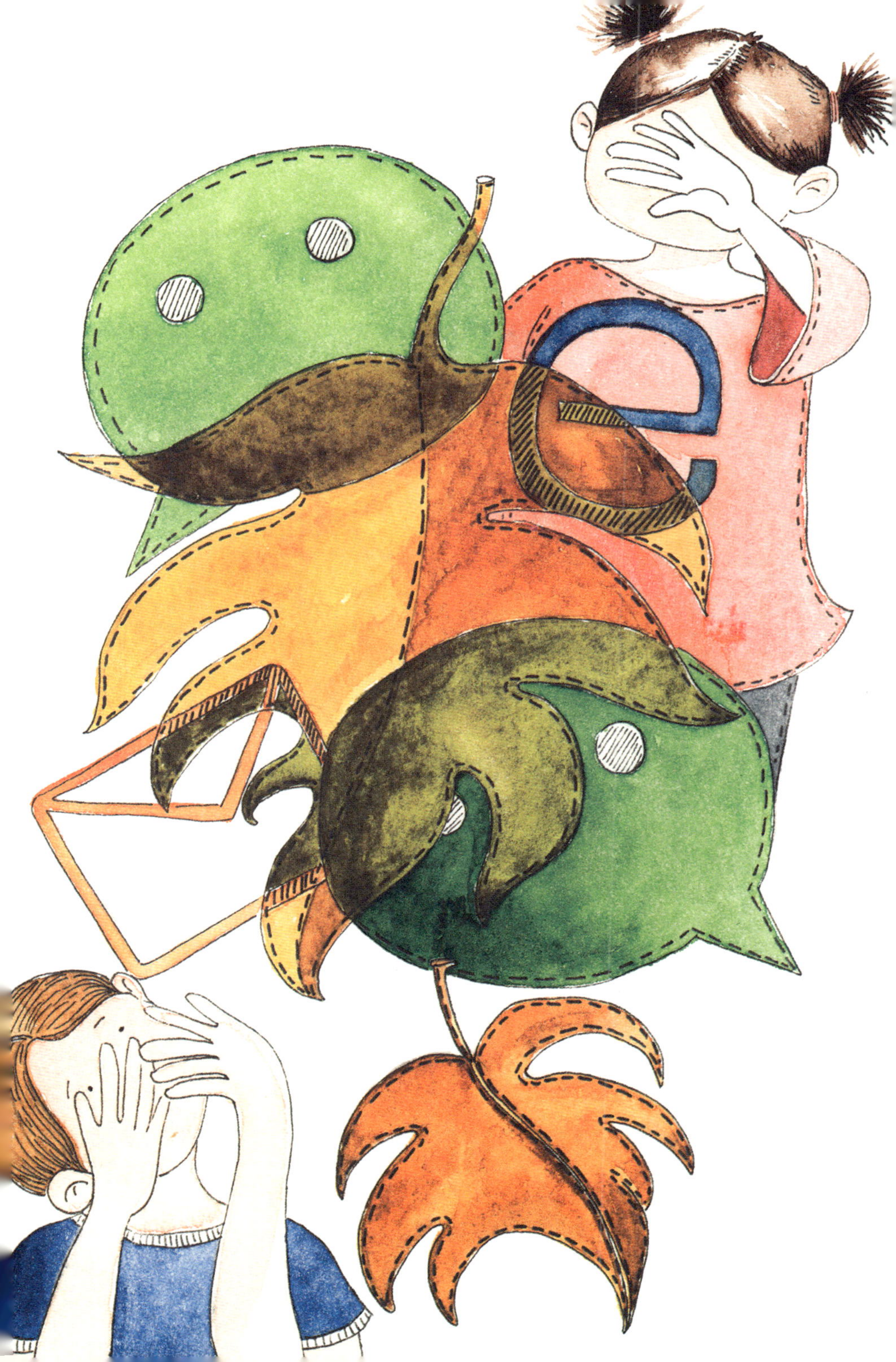

进行性探索，这种探索通常以一起自愿游戏的方式进行，不属于性侵犯。例如，儿童在两岁的时候就能够通过相互抚摸、拥抱和亲吻表达对彼此的喜爱，但对于低龄儿童来说，这种行为与性欲无关，并且卷入性游戏是儿童坦然、自愿的，不属于儿童性侵犯。

不过，如果有同龄人用威胁、武力、欺骗等方式，强迫你与他 / 她进行性探索，并且他 / 她的年龄比你大，他 / 她的行为也可能是性侵犯。另外，即使他 / 她的年龄比你小一些，但是，如果他 / 她的身心发育比你成熟，或者身材比你高大，或者态度强势，强迫你与他 / 她进行性探索，也可能是性侵犯。

自我评估：我是否受到过性侵犯

下面描述的情况，请在你遇到过的内容后面打钩（√）

有人（不管是熟人还是陌生人）曾经或正在：

1. 偷看我洗澡、换衣服或上厕所。	☐
2. 通过微信、短信、QQ 或电子邮件等给我发送色情信息、图片。	☐
3. 要求我在互联网视频镜头前脱光衣服暴露隐私部位，或要求拍下自己裸体或隐私部位。	☐
4. 在我面前暴露他 / 她的生殖器。	☐
5. 没有经过我的同意，强行观看、亲吻、触摸我的隐私部位。	☐
6. 违背我的意愿，让我观看、亲吻、触摸他 / 她的隐私部位。	☐
7. 要求我脱光衣服，让他 / 她观看或拍照 / 录像。	☐
8. 把他 / 她的阴茎、手指或其他东西插入我的阴道 / 肛门、口腔等。	☐

你的答案是什么？

如果你在其中任何一个描述后打钩（√），说明你有可能遭受过性侵犯，只是程度不同而已。如果你有这种经历，那我们可以告诉你，你并不是唯一的。

世界卫生组织《2014 年全球预防暴力状况报告》指出，全世界每五个女孩中就有一个受到性侵犯，在有的国家甚至每三个女孩中就有一个受到性侵犯；每十三个男孩中就有一个受到性侵犯。受到性侵犯的女孩的数量是男孩的 1.5 至 3 倍。

全世界专家一致认为，儿童性侵犯是侵犯儿童权利、危害公共健康的重大社会问题。不同性别、不同种族、不同文化、不同宗教、不同地域、不同社会经济地位的儿童及其家庭都有可能会受到性侵犯带来的不利影响。

如果这样的事情曾经或者正在你的身上发生，请千万不要责怪自己！因为发生性侵犯永远不是受害儿童的错，而是侵犯者的错！是那个人在权力不平等的关系中对儿童做出了性侵犯行为。他 / 她理应承担全部责任！你作为受害者，根本不需要为性侵犯的发生承担任何责任！

请你尽快找到值得你信赖的成年人帮助你：制止性侵犯事件继续发生，纠正侵犯者做的错事，支持你走出受伤害的阴影，回到正常生活。（详细内容见本书第三章。）

如果你在上述任何一个选项中都没有画钩（√），那么这其实是"本该如此"的好事情，因为你本来就不应该受到性侵犯。这绝对是你的权利！

你可以进一步提升自我保护的意识能力，让自己更有力量保护自己不受性侵犯的伤害，也保护你身边的朋友。（详细内容见本书第二章。）

更多了解

◢ 谁有可能受到性侵犯

任何儿童都有可能受到性侵犯，大到十几岁的青少年，小到几个月的婴儿。也就是说，任何年龄的孩子，无论男孩女孩，无论贫富、地区、种族、文化、宗教，都有可能受到性侵犯。

◢ 性侵犯可能会发生在何时何地

儿童性侵犯并不是只发生在夜晚的僻静地方，而是会发生在一天当中的任何时间、任何地点。只要是侵犯者有机会单独接触儿童的时间、地点，就有可能发生儿童性侵犯。例如，无论白天还是晚上，性侵犯都有可能发生在公园、仓库、农田、树林、工地、电梯间、商场、学校、公共交通、别人的家里，甚至是儿童自己的家里。

人们通常以为，家庭、学校、幼儿园、托儿所是最安全的地方。可是，如果性侵犯者出现在家里、学校、幼儿园、托儿所，那么，这些本应保护儿童的场所，

就不再是安全的地方啦。

▲为什么会发生儿童性侵犯

发生性侵犯，并不是儿童的错，而是性侵犯者的错！正是因为有人想要对儿童做出性侵犯行为，才会发生性侵犯。这些人不尊重儿童的基本权利，不把儿童当作有独立价值和尊严的人来对待，而是物化儿童，把儿童当作可以利用的工具，去满足他们自己的需要。

因此，他们一旦有机会接近或接触儿童，并且有机会与儿童单独相处而不被别人发现，就极有可能利用种种威逼利诱的手段，对儿童进行心理操控，甚至武力威胁，从而破坏儿童的自我保护能力，最终做出性侵犯儿童的行为。他们还常常为自己性侵犯儿童找貌似合理的借口，甚至显得可怜和不幸。实际上，儿童不必相信那些借口，也无须承载侵犯者的不幸！

如果有人说，儿童受到性侵犯是因为这个孩子"学习差""调皮捣蛋""性格缺陷""品行不端"等，那么这个说法是不公道的，也是不符合事实的。儿童是性侵犯事件中的受害者，无论性侵犯在什么样的情况下发生，儿童都不应当受到责备。

实际上，儿童在成长过程中，往往会遇到各种各样的困难。这只是表示儿童需要成年人提供帮助和保护，而不应该成为任何人性侵犯儿童的理由！

▲侵犯者可能是什么样的人

在一般人的印象中，性侵犯者是长得丑、穿得脏、不讨人喜欢的陌生男人。其实并不是这样！"坏人"这两个字，并不会写在坏人的脸上。坏人有时候看起来和其他人是一样的。他们也有可能长得好看，很有教养，甚至还会对你很好，比如给你礼物、送你糖果等。

性侵犯者通常有正常的生活，有正当的职业，礼貌待人，甚至看起来是个"大好人"。就像开篇故事中的宫老师那样，表面上和蔼可亲，有一技之长，受人尊敬。因此，我们不能单从外貌、学历、性别、年龄上猜出谁是性侵犯者，只能根据他们做出的行为来判断。（详细内容见本书第二章。）

　　全世界研究显示，对儿童实施性侵犯的人，只有少数是陌生人，绝大多数是儿童认识、熟悉、信任、倾心或喜欢的人，甚至就是儿童的家人、亲属，或者恋爱对象。这些人可能是成年人，也可能是年龄稍大的儿童，或者是年龄虽小、但权势较大的儿童；可能是男性，也可能是女性；可能是异性，也可能是同性；可能是一个人，也可能是多个人。

　　性侵犯者可能包括家庭成员、亲属、邻居、爸爸妈妈的同事、老乡、朋友的家人、保姆、医生、教师、教练、同伴，甚至是继父母、亲生父母，或兄弟姐妹。

　　他们会利用在责任、义务或能力方面的优势地位和权威，通过武力、威胁、恐吓、哄骗、奖赏或其他方式，强迫或引诱儿童并对儿童实施性侵犯，从而满足他们自己的需要。

▲侵犯者会用哪些威逼利诱的迷惑手段／诡计

　　为了达到性侵犯儿童的目的，成年侵犯者通常采用威逼利诱的手段，对儿童进行心理操控和心理绑架，

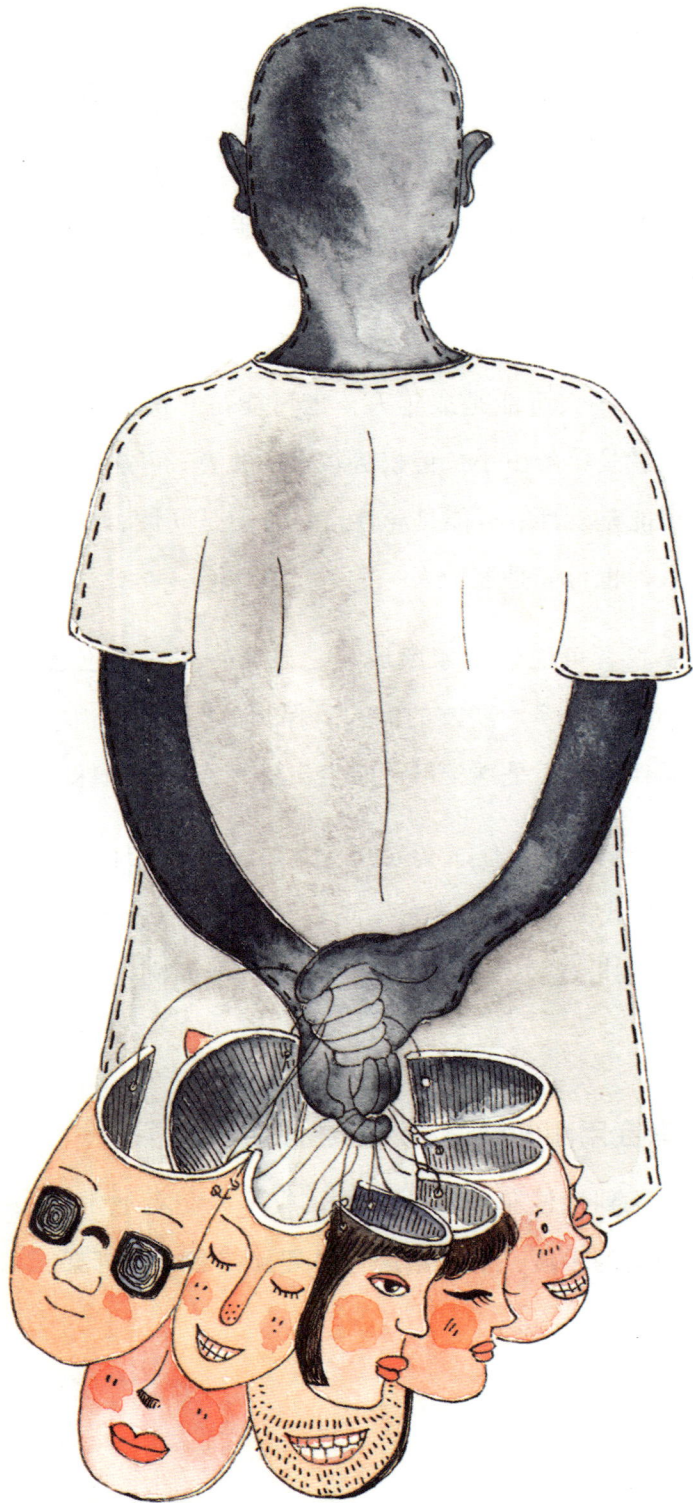

把儿童与身边人隔离出来，让儿童无法抵制性侵犯的发生，也无力说出性侵犯的秘密，更无法得到周围人的信任和支持。

他们会选择显得脆弱的儿童作为性侵犯的目标，因为这样的孩子容易对成年人产生依赖感。

他们可能会逐渐亲近儿童，制造与儿童单独相处的机会，向儿童表达关心、关注和欣赏，获得儿童的依赖、信任，甚至仰慕。例如，他们会给儿童特权和优待，与儿童聊天、打电话、问一些私人问题、辅导功课、送礼物、给零食、给钱、做让儿童开心的事。他们还可能会引诱儿童喝酒、看色情图片或色情表演等。

他们会逐渐引导儿童进入性接触。他们会找机会在儿童面前换衣服、上厕所、表现成年人之间的亲昵动作、在儿童上厕所或洗澡时假装无意间闯入、看色情方面的读物、触摸自己的隐私部位、偷看儿童身体……以此降低儿童对性侵犯的警觉和防卫。如果儿童向别人说出这些事情，他们就会说，这是在向孩子表达感情。而在性侵犯实施之后，侵犯者又会说服儿童，他 / 她与儿童的性活动是无害的，甚至是"性教育"或"爱的表达"。

性侵犯者通常有不正常的心理需要，有错误的想法，并且不打算停止性侵犯儿童的做法，或者没有能力改正他们自己的错误。他们善于利用儿童的信任、仰慕、善良、同情心和好奇心，对儿童实施性侵犯。他们会用哄骗的手段，引诱儿童服从和保密。如果儿童不服从，他们就会威胁或使用武力，强迫儿童服从和保密。

可见，如果发生性侵犯，错不在你！侵犯者使用这些威逼利诱的迷惑手段，对你进行心理操控，自然会使你无力阻止性侵犯的发生，也不敢揭发。你需要成年人的帮助！

一般来说，成年人比儿童更有权力和资源去制止性侵犯行为，去纠正性侵犯者的错误想法和做法。所以，如果有人可能会对你做出性侵犯行为，那么你一定要尽快告诉值得你信赖的成年人，例如父母、老师、警察等。

▲ 为什么性侵犯是侵犯儿童权利的暴力行为

暴力，是指任何导致或可能导致身体、性或心理伤害的明确的或象征性的行为 ❶。如果有人说的话或做的动作让你感到自己的感受、需要和价值被否定，而且对方明知道这样做会给你带来痛苦，还继续对你这样做，那么他 / 她就是在对你施加暴力！

暴力的逻辑是——我要你做我想要你做的事，如果你不做，我就惩罚你，你别无选择！如果一个人被别人强制做自己不想做的事，或者对自己不好的事，而且受到威胁和操控，没有选择，他 / 她就会受到心理伤害，甚至出现心理创伤反应。

儿童性侵犯发生在不平等的权力关系中。性侵犯者往往按照暴力逻辑，滥用权力 ❷，对儿童进行心理操

---

❶ 《国际性教育技术指导纲要》（2018 年，联合国教科文组织、联合国艾滋病规划署秘书处、联合国人口基金会、联合国儿童基金会 、联合国妇女署、世界卫生组织）。

❷ 权力（power），是指集体赋予个人特定地位，使其有支配别人的影响力、控制力和强制力。权力是后天赋予的，是不平等的。

控，并实施性侵犯。他们侵犯了儿童的生命权、健康权、身体权、隐私权、性自主行为权（14 岁以上）等多种权利 ❶，使儿童身心健康发展的需要无法得到满足，从而给儿童造成心理伤害，甚至身体伤害。因此，我们说，儿童性侵犯是一种侵犯儿童权利、危害儿童身心健康的暴力行为。

◢性侵犯可能会给儿童造成哪些伤害

本质上，性侵犯给儿童造成的伤害是心理伤害。如果侵犯者还对儿童施加武力，就有可能造成身体伤害，例如体腔插入的性行为可能会对儿童造成生殖器的伤害，击打身体会造成身体受伤。这些都会加重心理伤害！

大多数性侵犯者并不需要使用武力。他们只是凭着权威地位，用威逼利诱的手段，就可以获得儿童的信任或逼迫儿童服从和保密。这就是心理操控！因此，即使没有使用武力，性侵犯行为也可能会给儿童造成

---

❶ 权利（right），是指法律赋予个人实现其特定利益、自主享有的力量，以满足生存发展的基本需要。每个人的权利是与生俱来的，是平等的。

不同程度的心理伤害。儿童如果不能及早得到成年人有效的保护，心理伤害的影响可能会持续很多年。

每个人受到伤害后的表现不一定相同。不过，大多数受到性侵犯的儿童会感到害怕（恐惧）、生气（愤怒）、丢人（羞耻）、责怪自己（内疚自责）。假如有人对你做出性侵犯行为，而你找不到值得信赖的成年人帮助你制止性侵犯，你可能会经常做噩梦，变得容易发脾气、爱打架、不合群、没自信、吃不好、睡不好、不能专心学习等。这些都是因为侵犯者强迫你做自己不喜欢、不舒服、不明白的事情，还要求你保密！如果你不服从，可能会受到更多的惩罚和伤害。

如果没有成年人出面制止性侵犯行为，你很难逃离或抵制发生在自己身上的性侵犯，就会感到无能、无力、无助。如果做出性侵犯行为的那个人就是你信任的人，或者是应该有责任保护你的人，例如家人、老师、亲戚、朋友，甚至就是亲生父母，你可能就会感到自己的信任被出卖，甚至感到整个世界都在背叛自己！如果性侵犯长期存在，那么你可能逐渐会不相信任何人，甚至都不相信你自己！你可能还会在交朋友方面遇到困难，容易被孤立、挨欺负、被利用。

周围人不知道你一直在遭受性侵犯的伤害，可能会把你当作"坏孩子"。这是因为他们并不了解，你表现出来的"问题行为"和激烈的情绪反应，例如打架骂人、学习成绩下降、扭曲的性观念、攻击的性行为、旷课逃学等，正是你的心理创伤反应，是用来处理自己承受不了的痛苦。你的心理创伤反应还可能表现为肚子疼、头疼等查不出原因的身体症状，以及睡眠失调和饮食失调。

所以，受到性侵犯的儿童需要得到成年人的帮助和保护，尽快制止性侵犯的发生，回到正常生活的轨道。

正是因为性侵犯会给别人带来伤害，所以，我们不能欺负别人，更不要对任何人做出性侵犯的行为。

纠正迷思与偏见

在任何情况下，性侵犯儿童的行为在法律上、道德上都是错误的，是绝不允许的。实施儿童性侵犯的人，无论他／她是谁，都必须受到社会的谴责、法律的制裁。我们需要纠正很多错误看法和偏见，不要责备受害者。

迷思1 只有衣着暴露、行为不端庄的女生才会被性侵犯。

这个观点是不对的！"你当时穿了什么衣服？"这是受到性侵的幸存者常常被别人问到的一个问题。人们似乎以为，如果幸存者穿着不暴露、不性感，就不会受到性侵犯。实际上，你穿什么衣服、做出什么行为，并不会影响性侵犯者的选择。比利时首都布鲁塞尔曾举办过一场"性侵受害者在事发时衣着展览会"，展出了18件女性包括女童在遭受性侵时穿着的衣服。这是18件再普通不过的衣服：睡衣、运动衣、短袖、连衣裙……都是人们平时会穿的普通衣服。

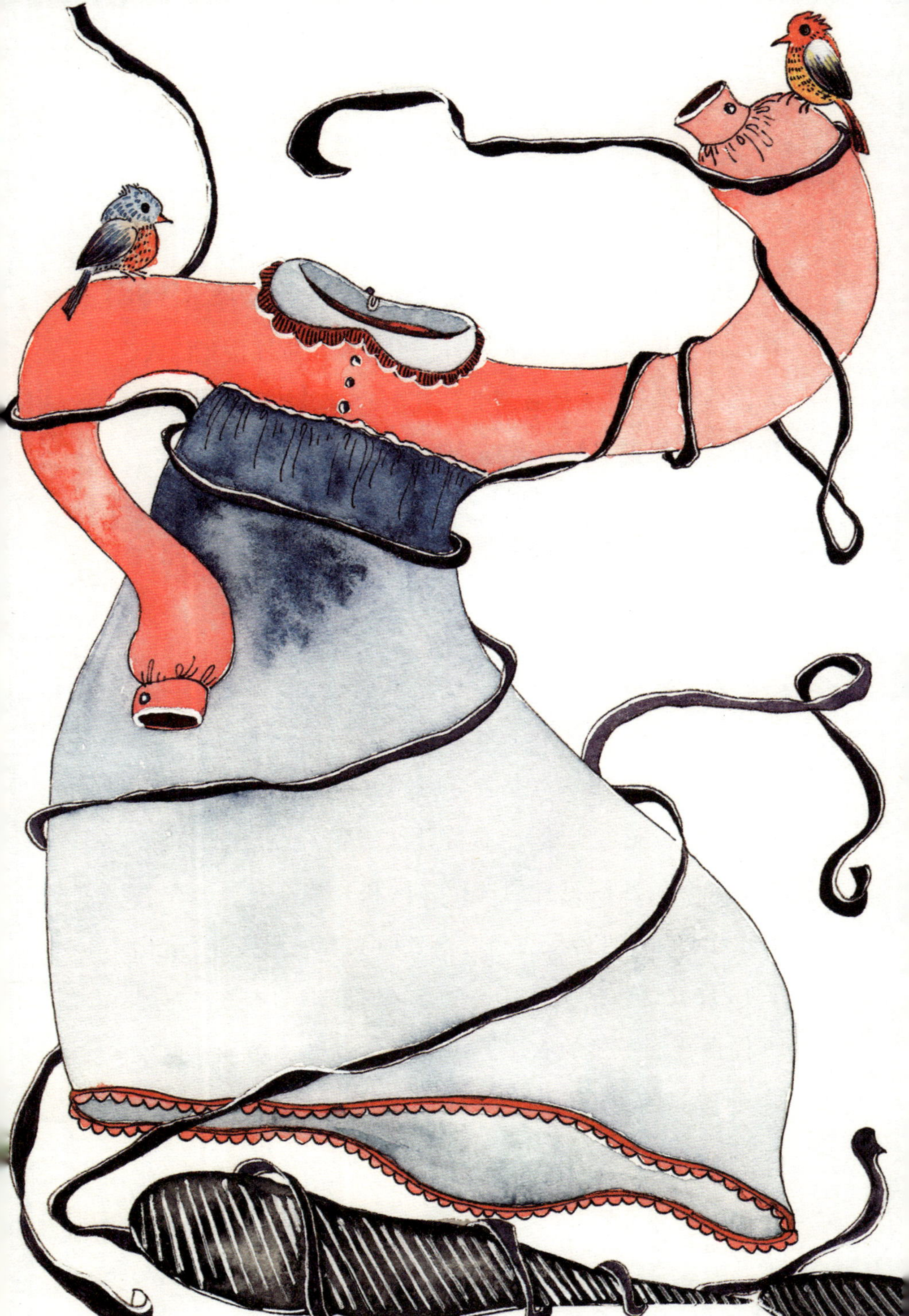

迷思2 我吃了陌生人给的食物，独自走了偏僻的小路，结果受到性侵犯。所以，发生性侵犯是我的错。

这不是你的错！你吃陌生人给的食物，走偏僻的小路，可能会让你面临风险，或者在你遇到危险时无法得到别人的帮助。但是，这并不意味着任何人有权侵犯你的权利！性侵犯是侵犯儿童身体权、隐私权、生命权、健康权、正当的性自主权等多种权利的违法犯罪行为，这样的行为无论在什么情况下发生，都完全是侵犯者的错。他／她要承担法律责任！任何理由或借口，比如喝多了、一时糊涂、情不自禁、曾经被人欺负等，都不能推脱侵犯者的罪责。

迷思3 在学校一定要听老师的话，即使老师触摸我的身体，让我感到不自在，我也不能反抗。

我们不赞同这种说法。你是自己身体的好主人。如果有人触摸你的身体，不管他／她是谁，只要让你感到不舒服、不自在，你都有权坚决说"不行"，并赶快离开，尽快向值得你信赖的成年人请求帮助。

老师也是人，也有做错事的时候。你不需要服从老师的错误做法！如果你拒绝老师触摸你的身体，反而是在帮助他／她改正错误。

2018 年 7 月，多位中国女生选择勇敢地站出来袒露自己曾被性侵的经历并指控当事人。有公众号发布性骚扰和性侵的调查问卷。回收的 1724 份问卷显示，有五分之一的人遭受过来自老师的性侵。这些女孩子站出来揭发老师性侵犯的错误做法，不仅是保护自己，也是帮助老师改正错误，不再性侵犯其他学生。

迷思4 只有女孩才会遭受性侵犯，男孩不会受到性侵犯的伤害。

实际上，男孩也有可能受到性侵犯。全世界的研究表明，尽管女孩的受害比例高于男孩，但是男孩和女孩同样面临遭受性侵犯的风险。世界卫生组织《2014年全球预防暴力状况报告》指出，每 13 个男孩中就有一个受到过性侵犯。由于社会要求男孩成为强汉，期

待男孩能够保护自己，因此，男孩在受到性侵犯时更不愿意告诉别人，担心这会有损他们的男子汉形象。因此，男孩被性侵就变得更为隐蔽、不容易被发现，但这并不意味着男孩不可能被性侵。

迷思5 发生儿童性侵犯时，如果儿童既没有说"不"，也没有尝试制止性侵犯行为，那么，儿童也有责任。

再说一遍，儿童并不需要为性侵犯的发生承担任何责任！因为儿童性侵犯通常发生在不平等的权力关系中，侵犯者通常利用心理操控的手段，引诱或威胁儿童卷入其不能完全理解的性活动中。受害儿童有可能并不知道正在发生什么，或是由于过于害怕而不能做出任何反应，但这并不意味着儿童愿意受到性侵犯。只有侵犯者应该为性侵犯的发生承担全部责任。

迷思6 听话、孝顺才是好孩子。若家里的长辈摸我的身体，如果我拒绝，就是不孝顺。

我们不赞同这种说法。

中国的家庭文化传统强调"长者本位"的思想，认为子女在成年之前只是正在形成中的人，并不是独立的权利主体，孝顺的文化更是从道德层面要求小辈要顺从长辈。小辈如果拒绝长辈提出的要求，就可能会背上"不孝顺"或是"忤逆长辈"的骂名。

我们认为，儿童和青少年都是独立的权利主体，和成年人一样是有独立意志的人。儿童和青少年的意愿、感受和需要应当得到尊重。有时候，来自家人的身体接触也可能会让儿童和青少年感到不舒服。这时候，不要因为对方是家人就不表达或不敢表达，你可以礼貌并坚决地拒绝。

检察官对你说

严惩重罚侵犯者

　　大家好！我叫吴翎翎，是一名在未检部门工作了十二年的检察官。大家可能会问，未检检察官是做什么的？就是专门办理未成年人被侵害和未成年人犯罪案件的检察官，我们的职责就是保护未成年人！从2015年开始，我成为专门承办未成年人被性侵犯案件的检察官，在工作中接触到了不少儿童被性侵犯的案件，认识了不少儿童被害人。在这里，我将与大家分享有关儿童性侵犯的法律知识。

🔔 在法律上，性侵犯是什么

　　性侵犯是极其丑恶的违法犯罪行为，挑战社会伦理道德的底线。全世界所有国家都对性侵犯儿童犯罪严厉打击、处以重刑。如果有人告诉你"性侵犯没人管"，请你一定不要相信。

🔔 性侵犯儿童，谁来管

性侵犯儿童当然是由国家来管。

我国是联合国《儿童权利公约》等国际公约的缔约国，承诺"保护儿童免遭一切形式的色情剥削和性侵犯之害"。我国许多法律都对性侵犯儿童行为做出严惩重罚的规定。例如《刑法》《治安管理处罚法》《未成年人保护法》等法律，就是要让侵犯者付出自由、金钱、从业禁止乃至生命的代价。

🔔 性侵犯儿童者会如何受罚

法律对待性侵犯行为，绝不容忍，严惩重罚；对待性侵犯分子，可能以强奸罪、猥亵儿童罪等，判处有期徒刑、无期徒刑甚至死刑。如果有身体或心理伤害的，被害儿童可以要求侵犯者赔偿。

对不满 14 周岁的儿童进行强奸或猥亵，即便通过欺骗或金钱诱惑使儿童"同意",这种行为也构成犯罪。对男童进行猥亵同样构成犯罪,要从重处罚。

如果是父母性侵犯孩子,父母就要被剥夺监护权,就是再也没有资格做孩子的父母了。国家相关部门会依据法律挑选更合适的人或机构当孩子的监护人,但是父母抚养孩子的义务仍在,要继续承担孩子生活、成长的费用等。

如果性侵犯者从事与儿童相关的职业,他/她将有可能被从业禁止,就是再也没有资格从事与儿童相关的职业。

未满18岁的未成年人如果实施性侵犯,也要承担相应的法律责任。

🔔 用法律惩处侵犯者

不管是本人受到性侵犯,还是看到或得知别人受到性侵犯,你都可以立即拨打110报警电话。这样,将可能启动司法程序,用法律惩处性侵犯者。

我们国家设立的公检法司机关，承担着严惩重罚侵犯者的职责。其中，公安局或派出所（警察工作的地方）接到报警后，负责对侵犯事件进行调查事实、收集证据；检察院（我工作的地方）负责批准逮捕性侵犯分子（批捕）和提起公诉；法院（法官工作的地方）则负责对性侵犯分子进行审判；司法局（监狱系统）中的监狱是专门关押、改造犯人的地方。

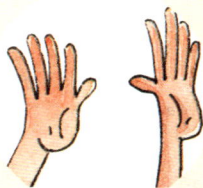

第二章

识别与防范

开篇故事

（续第一章）到了周二，孩子们又来上围棋课了。这一次，和往常一样，宫老师来到每一个同学的身边单独辅导。不一会儿，就轮到了小可。宫老师右手在课桌上操作鼠标给小可讲解围棋知识，左手却慢慢地伸到了小可的裙子下面，触摸到了小可的隐私部位。小可想起妈妈曾经对她说过，自己身体的一些部位是不可以给别人摸的。小可顿时像被电了一下，僵僵地坐在座位上。小可心里挣扎着，要不要制止老师的行为？但是一想到之前好多不听话的孩子都被宫老师批评了，小可便吓得不敢作声了。幸好下课铃声及时响起，小可飞快地跑出了教室，这才逃离了宫老师的魔爪。小可害怕极了，她不知道要不要告诉妈妈，为什么宫老师要这么对自己呢？是因为自己不乖吗？

恩恩和小可是同班同学，都只有八岁。虽然她们并不明白宫老师的行为是什么意思，但是她们的心里有一种说不出来的害怕。恩恩也不知道要不要告诉爸爸妈妈，如何告诉爸爸妈妈。她只知道那天宫老师的行为让自己十分不舒服。

可是，恩恩和小可的沉默并没有换来宫老师的收敛，他反而变本加厉。后来每一次的围棋课上，宫老师都以辅导围棋为借口来到恩恩的身边，触摸她的隐私部位。不仅如此，恩恩还发现，除了她和小可，宫老师还摸了其他同学的隐私部位。有一天上课，宫老师叫小琴到讲台的电脑上学围棋，一开始宫老师还有模有样地给小琴讲课，可是说着说着，他的手就慢慢移到小琴的裙子里，紧接着又摸了小琴的胸部。这一切被恩恩看得一清二楚，可是小琴也没有推开老师，课后谁也没有说起这件事。

——引自央视《守护明天》节目《培训班里的"黑手"》

（有删节）

多么奇怪！明明是老师做错事，恩恩却为此感到左右为难！可能从来没有人告诉过恩恩和小琴：遇到不舒服、不明白、不安心的触摸，无论那个人是谁，她都有权理直气壮地拒绝，并且要及时将此事告诉值得自己信赖的成年人。小可呢？虽然记得妈妈曾经说过，一些身体部位不可以给别人随意触摸，但是因为担心被老师批评，也不敢告诉妈妈！

如果你遇到类似恩恩、小可和小琴的情况，你会怎么做呢？

其实，如果你懂得身体权利和身体界限，知道如何识别和防范有可能发生性侵犯的可疑行为、危险情境和可疑人物，你可能就不会像恩恩和小可那样为难了。为了远离受到性侵犯的危险，你要勇敢、坚决地保护自己，并且要及时告诉值得你信赖的成年人。当你的同伴需要帮助时，你也要伸出援手，帮助他们远离性侵犯的危险。

懂得权利与界限

身体是我们的好朋友。我们借助身体，承载生命，展现生命。因此，我们每个人都要保护好自己的身体，不让自己受到伤害。我们要保护自己的身体权利、隐私权利与身体界限，同时也要尊重别人的身体权利、隐私权利与身体界限。

身体权

我们每个人都具有与生俱来的身体权。我们有权利保持自己的身体完整（完整权），也有权利合理地支配自己的身体（支配权）。身体权属于人格权，因此，任何人都不能伤害、戏弄、支配别人的身体！伤害、戏弄、支配别人的身体，属于破坏人格尊严的行为，甚至触犯法律。

我们一定要好好地保护自己的身体，做自己身体的好主人。例如，天冷要加衣，口渴要喝水，肚子饿了要吃东西，生病时要看医生，被人欺负时要告诉可以信赖的成年人。

身体是属于自己的。我们都拥有身体自主权！因此，不管是熟人还是陌生人，都不可以随便触碰你的身体。只要让你感到不舒服，不管是来自谁的触碰，即使是你的亲生父母，你也可以坦然说"不"，勇敢地拒绝。

你有权利根据自己的意愿，决定不让谁关注、靠近、触碰你的身体，避免受到别人眼神、语调、表情、语言、动作的伤害。同时，你也有责任尊重别人的身体，不要用眼神、语调、表情、语言、动作去伤害别人。

隐私权

隐私，是指个人不想公开的、与公共利益无关的个人信息，也就是不愿让别人知道的个人生活秘密，例如日记、信件、邮件、照相簿、上网谈话记录、电话号码、生活习惯、身体状况、储蓄、财产状况、姓名、身份、肖像、声音等。

隐私，是个人心理、精神发展的需要，与权利相关。随着年龄的增长，一个人会期望拥有更多的独立性，

能拥有更多的个人空间，能更有效地控制自己的个人信息，从而建立个人尊严感。对于青春期的男孩和女孩来说，身体隐私和个人空间就变得更为重要。例如，在家里，父母及其他家人要允许孩子关上房门享受独处的时间。父母及其他家人进入孩子的房间之前，要先敲门，得到允许后再进入。孩子换衣服、上厕所、洗澡时要关门，任何人都不能进入。孩子不愿意让父母或其他家人拥抱、亲吻时，父母及其他家人就不应该强行拥抱、亲吻……这些都涉及隐私权。

隐私权，是指个人生活安宁的权利，以及个人信息不被他人非法侵扰、知悉、收集、利用和公开的权利，而且对他人在何种程度上可以介入自己的私生活、自己的隐私是否向他人公开，以及可公开的人群范围和程度等具有决定权。隐私权是一种基本人格权利。

既然隐私是一种权利，就应该得到尊重和维护。所以，无论男孩女孩，不受欢迎的性关注和身体接触，都是对他们的隐私权和身体权的侵犯。儿童有权通过坚定和自信的表达来保护自己的隐私，并抵制不受欢迎的关注。

隐私部位

我们每个人都有一些身体部位是不可以让别人随意谈论、观看和触碰的。这就是我们的隐私部位，也就是背心、内裤或泳衣遮盖的身体部位。男孩的隐私部位包括两腿之间（阴茎、阴囊）和屁股。女孩的隐私部位包括乳房、乳头、两腿之间（外阴、阴道）和屁股。

隐私部位是身体最敏感的地方，因此，我们要好好保护这些部位，不可以让别人随意谈论、观看，或触碰，也不可以在公众场合展示。我们上厕所、洗澡、换衣服时要把门关紧，不要让别人进来。这是保护自己隐私部位的好行为。

有人认为，嘴巴也是隐私部位，因为除了吃东西以外，我们长大后也会用嘴巴与自己所爱的人亲吻，表示彼此相爱。因此，不可以让别人随便把食物以外的东西放

进我们的嘴巴里。❶

　　如果有人想要谈论、观看或触碰你的隐私部位，或者让你谈论、观看或触碰别人的隐私部位，这些就属于性侵犯行为。因为你是自己身体的好主人，所以，不管是谁想要对你做出这样的行为，无论是你认识的人（包括你熟悉的、信任的人，甚至是你的亲人），还是你不认识的人，你都要勇敢、坚决地大声说"不行"，并且赶快离开，尽快把这件事告诉给你信赖的成年人，让他们帮助你。

身体界限

　　我们在与别人交往时，需要与别人保持一定的身体距离，才会感到安全、舒服、有尊严。这样，我们才会与别人安心地交往下去。安全感，就是感觉自己受到保护，不担心受到威胁和伤害。我们可以把这种心理上感受到的身体安全距离叫作身体界限。

---

❶《大野狼看招：如何当自己身体的好主人》，台湾财团法人励馨社会福利事业基金会，2011年8月。

一般来说，我们容许与自己关系亲近的人跟自己的身体靠得近一些，而希望关系疏远的人身体离我们远一些。家里人可以靠得近一些，外人要离得远一些。同性可能会靠得近一些，异性可能会离得远一些。身体界限主要是由自己的心理感受决定的。每个人的感觉可能会有不同，因此，每个人的身体界限感也不一定相同。对于儿童来说，大人一伸手抓不到的距离，就是安全距离。

请你测试一下自己的安全距离。你可能会发现，在不同的场合、与不同的人在一起时，你对安全距离的感觉是不同的。你要相信自己的感觉。你的感觉最重要！

身体关注与身体接触

在日常生活中，人们通常用眼神、语调、表情、语言、动作去表达对于别人身体的关注，包括身体接触和性关注❶。如果别人对你的身体关注超出了你能接受的程

---

❶ 性关注，就是对别人的性特征（包括隐私部位）的关注。

度，你自然会感到不舒服。这样的关注不一定属于违法犯罪行为，但属于不礼貌的越界行为。因此，我们都需要学会区分什么样的身体关注和身体接触是适当和安全的、是自己可以接受的，什么样的性关注和身体接触是不安全、违背自己意愿的。

安全的身体关注和身体接触，通常是我们自愿接受的。有时候，别人的眼神、语调、表情、语言、动作，会让我们感到安全、温暖、被爱。我们都愿意被别人这样关注和接触。例如，妈妈慈爱地亲脸、爸爸抚摸头、老师轻拍肩、同学手牵手、朋友搀扶、教练夸奖、邻居感谢等。

当别人对你做出可以接受的、安全的身体关注和身体接触时，你可以用眼神、语调、表情、语言、动作，礼貌地做出回应，表示你喜欢这样。这样做有助于建立友善关系，加深彼此的感情。

不受欢迎的身体关注和身体接触，通常是我们不愿意接受的。有时候别人的眼神、语调、表情、语言、动作，会让我们感到不安全（害怕）、不舒服、有压力、不喜欢、

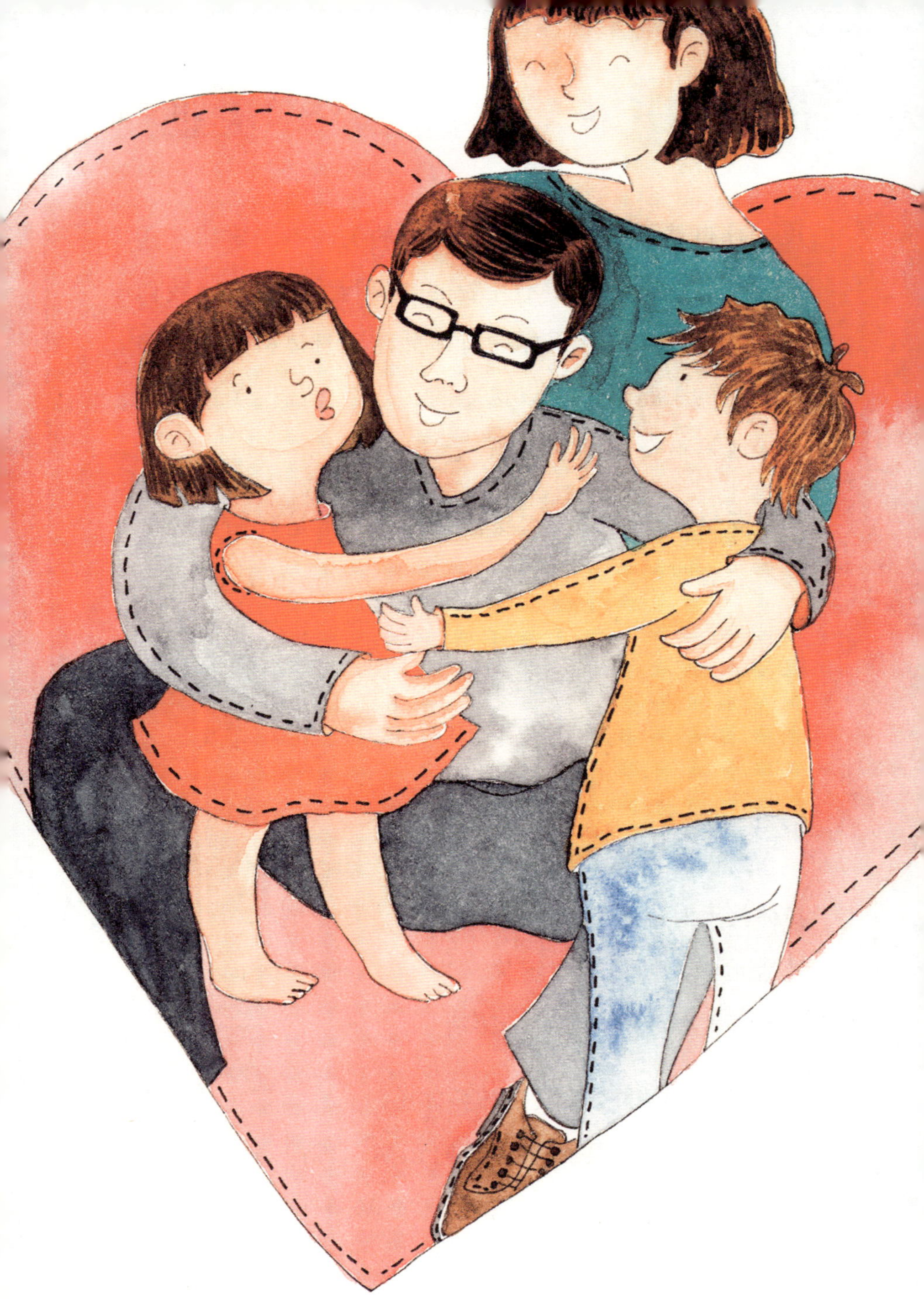

感觉怪怪的、不受尊重，甚至感到讨厌、痛苦。我们都不愿意被别人这样关注和接触。例如，被人推、拉、掐、揪、踢、打，或是吹口哨起哄、叫有损尊严的外号等。不受欢迎的身体关注和身体接触可能来自陌生人，也可能来自父母、老师、同学、朋友、亲属等。这些不受欢迎的身体关注和身体接触属于越界行为，甚至是违法犯罪的暴力行为。如果不受欢迎的身体关注和身体接触是与性有关的言谈或举止，而且这些行为会使被关注、被接触的人感到受辱、厌恶、害怕或受到威胁，这就构成了性骚扰。性骚扰进一步升级，就是性侵犯！

我们是自己身体的好主人。所以，别人如果想要触碰你，就需要经过你的同意，正如别人要使用你的文具时需要经过你同意一样。如果别人对你的身体关注和身体接触是你不喜欢的，你就要勇敢、坚定地说出自己的感受。当别人用强迫、不舒服、奇怪、让人害怕的方式对你做出这样的举动时，你有权坚决拒绝，并且赶快离开，及时告诉值得你信赖的成年人，向他们寻求帮助。

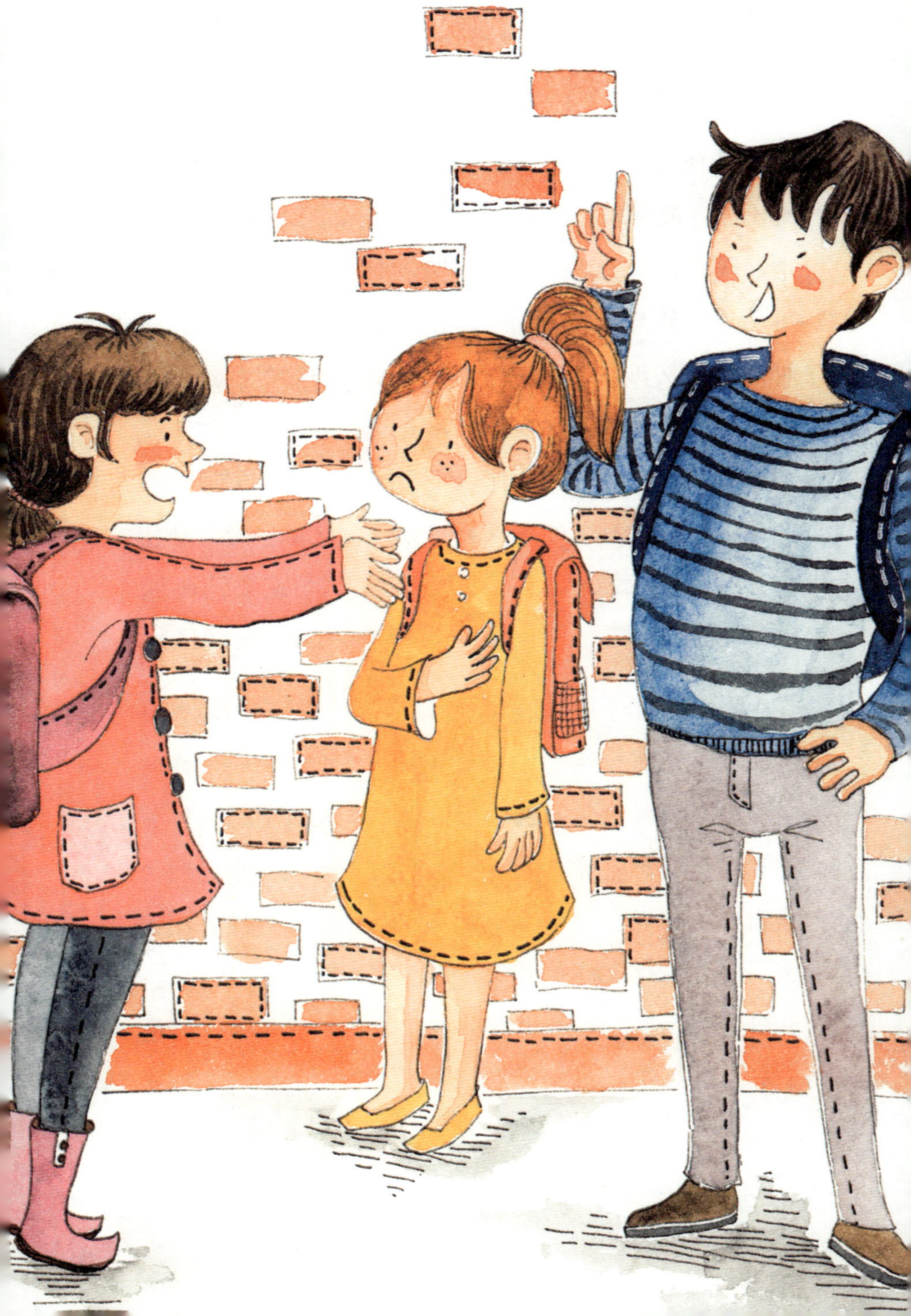

　　我们都不喜欢令人感到讨厌的身体关注和身体接触。我们也不可以在没有征得对方同意的情况下，随意触碰别人的身体，也不要用眼神、语调、表情、语言、动作去开别人的玩笑，让别人感到生气和难过。例如，不要抓别人的头发，不要打人、骂人、起外号、掐人、捏别人的脸、摸别人的屁股、掀女孩的裙子、扒别人的裤子、讲黄色笑话等，也不要在别人面前暴露身体。因为这些行为侵犯了别人的身体界限，既没有尊重自己，也没有尊重别人。如果我们做出这样的行为，就说明我们没有当好自己身体的好主人。

识别行为警报

　　前面提到，我们很难从外貌、性别、年龄、学历、职业等外部特征看出哪个人是性侵犯者。我们只能根据一个人对儿童做出的具体行为来加以判断，从而决定自己是否需要提高警惕并加以防范。

　　一部七分钟的美国视频短片总结出以下五种行为警报，简单易记。也就是说，当有人对你做出以下行

为时，就表示他／她可能正在发出想要性侵犯你的危险信号，这时你一定要当心并加以防范。

视觉警报：有人观看你的隐私部位，或者让你观看别人的隐私部位。

言语警报：有人与你谈论隐私部位。

触碰警报：有人触碰你的隐私部位，或者让你触碰他／她的隐私部位。

单独相处警报：有人想方设法地要与你单独待在一起。

身体限制警报：有人抱你、亲你，还威胁或利诱你为他／她保守秘密。

出现以上任何警报时，你都可以坚决拒绝，迅速离开，并告诉值得你信赖的成年人。

不过，在以下三种情况下，别人触碰你的身体部位，可能并不是危险信号，而是向你表达关爱、喜爱和疼爱。举例如下。

▲在你还没学会自己洗澡的时候，爸爸妈妈帮你洗澡并清洗隐私部位；或者当你的隐私部位受伤时，你需要爸爸妈妈帮你清洗和用药。

▲在爸爸妈妈许可的情况下，保姆帮你洗澡；或者你在爸爸妈妈的陪同下让医生检查身体。

▲爱心名单里的人可以抱你、亲你。你可以和父母或其他照顾你的家人一起，制作一个爱心名单，在里面写上你们都感到喜欢、亲近、信任的人的名字。只有写在爱心名单里的人，才可以用拥抱、亲吻的方式，向你表达爱意。

妈妈

爸爸

爷爷

奶奶

叔叔

婶婶

伯伯

姑姑

堂哥

表姐

你喜欢让这些人
亲你抱你

你不喜欢让这些人
亲你抱你

外公

外婆

姨妈

舅舅

老师

教练

邻居哥哥

哥哥的同学

爸爸的朋友

妈妈的同事

行为警报小测验

1. 当女孩的妈妈在旁边时，医生能不能检查女孩的隐私部位？

   可以的。

2. 如果一个男人触碰一个女孩的胸部，可以吗？

   不行，这是触碰警报。

3. 如果一个照顾者帮一个男孩穿衣服，可以吗？

   可以的。

4. 如果一个男人在女孩面前脱衣服，可以吗？

   不行，这是视觉警报。

5. 如果一个女人对女孩说"你的乳房真漂亮"，可以吗？

   不行，这是言语警报。

6. 如果一个女人，要带一个正在跟小朋友玩耍的女孩去偏僻的街道，可以吗？

   不行，这是单独相处警报。

7. 如果老师叫一群孩子进入教室，可以吗？

   可以的。

8. 如果一个陌生女人把一张裸体（不穿衣服）女人的图片展示给小男孩和小女孩看，可以吗？

不行，这是视觉警报。

9. 一个陌生男人拥抱和亲吻在公园里遇到的孩子，可以吗？

不行，这是身体限制警报。

10. 姑父能不能拥抱他的侄女呢？

可以，但前提是，姑父在小女孩的"爱心名单"里，否则，这就属于身体限制警报。

远离危险情境

坏人通常会在你独自一人的时候来伤害你。因此，尽可能不要独自一人去孤立无援的地方。为了减少坏人性侵犯你的机会，你可以这样做：

▲外出要让父母知道，你去了哪里？和谁在一起？做什么？什么时候到家？事先准备好零钱，在需要时打电话。如果你有手机，一定要保持手机通畅，以便你和父母随时保持联系。

▲最好不单独去别人家。如果去别人家，需要父母知情或在场。

▲不独自走僻静的小路。

▲不跟不认识的人走。有人会自称是"爸爸的朋友""妈妈的亲戚""带你去看生病的妈妈"等。只要你不认识，就不要跟他／她走。

▲即使你认识的人，在没有父母

陪伴和安排时，也不要单独和他／她走。

▲不和陌生人单独待在一起。

▲不接受陌生人的食物、玩具、金钱等。

▲不给陌生人带路。

▲不看、不听有色情暴力内容的读物、漫画、绘本、网站、音像制品。互联网上很多与性有关的信息是给成年人看的，并不适合儿童。必须等你有了一定的鉴别能力以后，才能选择是否去看。

▲不让别人有机会看到或触摸你的隐私部位。例如，不在别人面前脱衣服暴露自己的隐私部位。

▲不接受陌生人在社交网络上（比如微信、QQ 等）随意添加你为好友。

▲不单独与网友见面。

▲不要在互联网上留下个人信息（包括真实的姓名、家庭住址、联系

电话、家庭情况等）。

▲不通过社交网络、即时通信工具（比如微信、QQ 等）、各种直播平台等向对方展示你的隐私部位。如果有网友希望你能够通过视频脱衣服给他 / 她看，并答应给你一定的好处（虚拟游戏币等），这时你要严词拒绝并将对方举报拉黑。

防范可疑之人

　　警惕那些让你感到不安、害怕、奇怪、讨厌的人，或者对你好得过头的人，包括陌生人、熟人、亲人、老师、同龄人、专业人士（比如医生、社工、心理咨询师等）。尤其要警惕有以下特征的成年人或青少年，不要单独和他们待在一起。

▲对你表现出"特殊"兴趣和过分亲热。

▲经常对你毛手毛脚，借机抚摸你的手、搂抱你的腰、亲吻你的脸，关心你的生殖器生长发育等。

◢经常单独邀请你到他 / 她的家里玩。

◢经常找借口单独和你待在一起，例如带你出去玩、辅导功课等。

◢曾经性侵犯过儿童。

◢对性有奇怪的想法和做法。

◢热衷于与你谈论性话题。

◢经常不必要地触碰你的身体。

◢经常阅读、浏览、收集儿童色情书刊、视频。

做出制止行动

如果有人对你做出让你感到不舒服的身体关注和身体接触，或者想要抱你、亲你，甚至想要谈论、观看或触碰你的隐私部位，那么不管这个人是谁，只要他 / 她让你感到不舒服，你都可以坚决拒绝，并且赶快离开，尽快告诉值得你信赖的成年人，让他们帮助你。

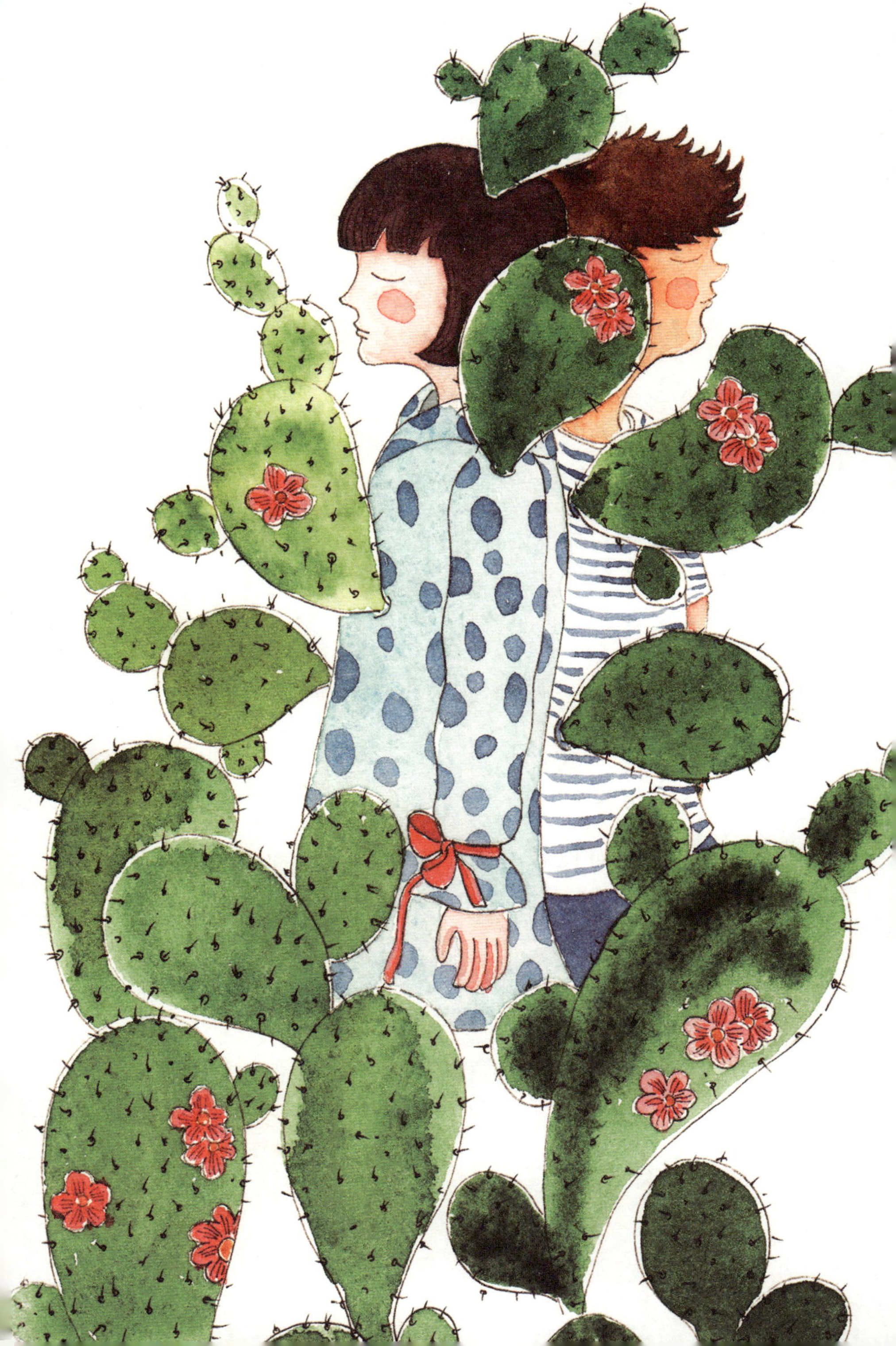

拒绝

拒绝，需要勇气。因为有的侵犯者会用语言或武力威胁、恐吓儿童，逼迫儿童服从和守密。他们可能会说"是你勾引我""即使你说出去，也没有人相信你"，或"如果你说出去，我就不放过你或你的家人或你的宠物"等。

听到这样的威胁，你可能会感到害怕，这是非常自然的。不过，你不需要惧怕！要知道，这些人是因为心理有病或心理脆弱，才会对弱小的孩子进行性侵犯。其实，他们心里也是很害怕的！如果你不喜欢他们关注或触碰你，你就一定要勇敢、坚决地说"不"！

拒绝，也需要机智。因为有的侵犯者会收买儿童，引诱儿童答应做不好的事，还要儿童保守他们不想让别人知道的秘密。他们可能会请小孩吃东西，给小孩送礼物或给钱等。

你不要相信这样的诱惑！要知道，美好、友善的身体接触是可以公开的，根本不应该是一个不能说出去的秘密。

拒绝，永远不会太迟！即使已经有人对你做过不好的事，或者正在做不好的事，你现在仍然可以开始说"不"。

你可以用不同的方法表示拒绝，比如摇头、抗议、呼叫、走开等。

你可以直截了当地大声说出你的想法，态度要坚决，表情要严肃，直到那个人停止这样的行为。你可以说"不行""不要""我不需要""我不想看""我不喜欢""我不去，我爸爸在前面等我呢""你走开！我的身体不可以随便触碰""放老实点儿，把手拿开，不准碰我""不许你这样做。不然的话，我就去告诉警察"。

你也可以在不同场合，用不同方式，灵活、机智地拒绝。以下示范句选自《珍爱生命——小学生性健康教育读本》。我们希望这些示范句能够启发你创造出让自己感到有力、自如的拒绝方式。

拒绝熟人——礼貌、坚决

"小红，你长得越来越漂亮了。张叔叔给你买了一件新背心。你把旧背心脱下来，张叔叔帮你换上新背心。"

"谢谢张叔叔，我自己会穿衣服，不用您帮忙。爸爸在厨房做饭，我要去帮他了。"（赶快跑开，心里想：我一定要告诉爸爸妈妈。）

"小军，你又长高了。你脱下裤子让李阿姨看一下，你的小鸡鸡是不是也长大了？"

"不行。我得赶紧回家。"（赶快离开，心里想：我回家一定要告诉爸爸妈妈。）

"小军，这么久不见，你长得越来越帅了。走，我们一起去舞厅玩玩。

让我们好好看看你。"

"不，我不去。"（赶快离开）

"咱们找个没人的地方，我有事要跟你说。"

"有什么事，我们去找老师解决。"

拒绝陌生人——果断、坚决

📍 在游泳馆

"小姑娘，你的游泳衣真漂亮，让我摸摸你泳衣胸前的蝴蝶吧。"

"不行。"（马上离开。心里想：我一定要告诉工作人员和爸爸妈妈。）

📍 在公园里

"小伙子，你长得真帅气。让我摸摸你的阴茎。我给你玩具。"

"不行！"（马上离开，心里想：这事我一定要告诉爸爸妈妈。）

📍 在照相馆

"你的脸好白净啊！让我们摸一下吧。"

"不许你们这样。否则，我就去告诉警察！"（心里想：我要马上离开这里，还要把情况告诉爸爸妈妈。）

📍 在路上

"两个小妹妹，你们真漂亮。要不要叔叔带你们去玩玩啊？"

小丹："这个人从刚才就一直看着我们，让我感觉很不舒服。他说话的腔调也让人不舒服。"

小凤："小丹咱们走，别理他。"

你可能会发现，有的时候，不知道出于什么样的原因或理由，你很难把拒绝对方的话说出口。你可能会有各种各样的顾虑。例如，我坚决地说"不"以后，他/她会不会再也不关心我了？他/她会不会再也不带我玩了？他/她会不会对老师或父母说我是个坏孩子？他/她会不会把我不想让别人知道的事情公之于众？……如果你有这样的顾虑，这也不奇怪，因为勇敢、坚决地拒绝别人是需要勇气的。你可以让你信任的成年人协助你练习说"不"。不断练习，有助于获得这份勇气。

你可能还会发现，有的时候，尽管你已经明确地表示过拒绝，但对方仍旧不依不饶，找各种理由和借口，软硬兼施地说服你听他/她（们）的话，比如"你如果不答应我，我会很难受，你这么好的孩子，肯定不希望看到我难受"，或者继续纠缠你说"就

看一下、摸一下你（的隐私部位），又不会把你怎么样"，或者直接用武力逼你屈服⋯⋯这时候，你需要开动脑筋，运用你的智慧与对方斗智斗勇。

请记住，最首要的原则是保护你自己不受到伤害。在这样特殊的情况下，说谎、运用诡计、逃跑、狡辩等，只要有效，都是可以的。

离开

趁对方还没抓住你之前，你要赶快离开，尽可能跑到人多、热闹、安全的地方。你可以跑回家；你可以跑到人多的地方，例如商店、理发店、学校、图书馆、书店、马路等；你还可以跑到附近的派出所或者让你感到安全的其他地方。

千万不要跑到无人的工地和胡同、阴暗的停车场或地下道、没有人的小路、无人的空地空屋、有水的池塘、高高的草丛、密密的树林，也不要上陌生人的车。

努力让自己面临危险时存活下来，也是做自己身体好主人的表现，因为你的生命是最宝贵的。如果一时

没有办法马上跑开，你要冷静，等待机会逃脱。万一真的无法逃脱，千万不要拼死反抗，要争取以智取胜。不妨先假意答应他／她，再等待机会逃跑。途中留意可以帮助你的人，对着你觉得可以帮助你的大人大声呼救，抓住机会赶紧跑开。等到了安全的地方后，一定要告诉值得你信赖的成年人，让他们帮助你，不让这样讨厌、危险的事情再次发生。

求助

每一个儿童在成长中都需要成年人帮助，实现儿童权利需要成年人做出努力，例如父母、监护人、教育机构、司法机构等。好消息是，大部分成年人都是爱护儿童的。

一般来说，当儿童在家里遇到困难，例如生病、受委屈、遇到烦心事的时候，通常会让爸爸妈妈帮助自己。如果爸爸妈妈不在身边，可以找家里其他成年人帮助自己，还可以找爸爸妈妈委托的照顾者帮助自己。在学校遇到困难时，例如遇到学习难题、在学校受欺负、和同学闹别扭等，可以向老师和同学寻求帮助。在公共场合遇到困难时，例如迷路、和家人走散、遇到危险等，可以拨打 110 报警，或者到离自己最近的派出所或公安局找警察帮忙。

如果有人想要欺负你，即使那个人还没有真的做出性侵犯行为，你也要赶快告诉值得你信赖的成年人。你要提醒自己：为了安全，我要及时、清楚、明白地告诉值得我信赖的成年人，究竟发生了什么事情！

这样做至少有三个好处。第一，有人用心倾听你说出刚刚经历的、令你不舒服的事件，可以帮你放下替别人保守秘密的心理负担，轻松释然；第二，及时得到值得你信赖的成年人的肯定、支持和保护，你会变得更有力量、更加勇敢，更有信心保护自己；第三，让值得你信赖的成年人及时知情并做出判断和行动，不仅可以保护你自己，还可以保护其他儿童远离性侵犯的危险。因为同一个侵犯者通常会侵犯多名儿童。

那么，哪些人是值得你信赖的成年人呢？当你遇到可能会受到性侵犯的危险时，甚至已经受到性侵犯时，应该如何寻求帮助呢？本书第三章将与你讨论具体方法。

帮助遇险同伴

如果有一位同龄伙伴告诉你，有人对他／她做出令人不舒服的身体关注和身体接触，甚至做出了性侵犯的行为，他／她很害怕，却又不想让其他人知道。这时，你应该怎么做呢？

一般来说，遇险的同伴通常并不是真的想要保守秘密，而是害怕说出来后自己要承担不好的后果，例如，没人相信自己、得不到帮助、遭到打击报复、受到更多的伤害等。实际上，他们非常需要有成年人帮助。研究表明，受到性侵犯的儿童在同伴的鼓励或陪伴下，会更有勇气向成年人求助。所以，你是可以支持、帮助你的同伴脱离危险的。

例如，当你听到同伴说出受到性侵犯的秘密时，你可以告诉他／她：你相信他／她说的话；他／她能说出这个秘密，说明他／她很勇敢、做得对；发生性侵犯是侵犯者的错，而不是他／她的错。你还可以鼓励或陪伴他／她去告诉值得信赖的成年人，例如父母、老师，或拨打 110 报警。

　　如果你觉得，靠你自己帮助同伴脱离危险有困难，那么，你可以告诉值得你信赖的成年人，并跟他们一起帮助你的同伴。在保证自己安全的情况下，你还可以请其他朋友和你一起陪伴同伴向成年人求助。例如，你可以告诉遇到危险的同伴："我们陪你回家，你一定要把发生的这件事告诉家长，让家长帮助你。""我们陪你去找老师，你一定要把这件事告诉老师，让老师帮助你。"如果实在找不到合适的成年人帮助同伴，就打 110 报警。有关报警的具体方法，详见第三章。

不做性侵犯者

　　性侵犯会给别人造成严重的心理伤害，这种伤害甚至会持续一生。因此，我们在保护自己不受性侵犯伤害的同时，也一定不要欺负比自己弱小的人，更不能随意谈论、观看、触碰别人的隐私部位，或是取笑别人的身体。

写给青春期的男生和女生

　　你可能不知道，你以为的玩笑和恶作剧，可能对同学来说是欺凌，甚至是性侵犯。

　　青春期男生和女生的身体都会发生一些奇妙的变化。比如，男生长出了喉结，出现遗精现象；女生胸部开始发育，来了月经。很多男孩子一起去上厕所的时候，会好奇别人的生殖器长什么样子，并合伙围观或嘲笑某些男孩子，针对他们的生殖器开玩笑。也有一些男孩子会故意拉扯女孩子内衣的肩带，以这样"调皮"的方式来获得心仪女生的关注。同学之间这些看似"无伤大雅"的打打闹闹,实际上都是来自同龄人的性侵犯。这样的行为和成年人的类似行为一样,侵犯了同学的隐私权。

　　进入青春期后,身体因生理性别的差异自然出现不同的变化,称之为第二性征,这是每个人成长发育的必经阶段。你可以密切关注自己身体发生的变化,和父母、老师或者愿意跟你分享身体小秘密的同学、朋友谈论自己的身体。不过,请你一定尊重别人的身体界限。你对别人的身体关注并不一定是受到欢迎的,还有可能给别人带来消极负面的影响。

练习情境判断

儿童性侵犯可能会发生在不同的场合，可能在城市，也可能在乡村。侵犯者可能是陌生人，也可能是熟人，甚至就是自己的亲人。他们可能会直接出现在你的面前，也可能先借助互联网接触你。借助练习情境判断，练就你的火眼金睛吧！

不给熟人性侵犯的机会

这里所说的"熟人"不仅是指成年人，还包括同龄人；不仅是指邻居、老师、教练，还包括家里人、恋人等。

1. 叔叔在拍你的肩时，故意把手滑落在你的后背揉搓，你觉得有些不自在。你会怎么做？

我们建议你礼貌地告诉叔叔："我不喜欢你这样碰我。"然后立即走开。

不要碍于情面而忍气吞声。只要大人做的事或说的话让你觉得不舒服、不安全，你就可以拒绝，并要把这件事告诉爸爸妈妈，或者其他值得你信赖的成年人。

2. 你和哥哥玩游戏,他用身体把你压在地上或床上,你感到很不舒服。你会怎么做?

我们建议你坚决地告诉哥哥："我不想再继续玩下去，因为我不喜欢玩这种游戏。"然后起身走开。事后尽快告诉爸爸妈妈，或者其他值得你信赖的成年人。

3. 一位邻居叔叔对你说："听说你喜欢看动画片，我家里有很多动画片，你去我家看吧，我家还有冰激凌呢！"你会怎么做?

我们建议你拒绝对方："谢谢您！等我爸爸妈妈放假，让他们带我去您家玩吧！"

4. 篮球队的一位教练很喜

欢你。这天训练结束后，他单独留你一起收拾篮球。他多次摸你的身体，让你觉得很不自然，还说这是你们之间的秘密，不要告诉别人。你会怎么做？

我们建议你赶快离开，一定要尽快告诉爸爸妈妈，或者其他值得你信赖的成年人。因为这并不是你的秘密，而是这个教练的秘密。善意的身体接触是美好的、公开的，根本不需要保密。

5. 你在洗澡时，发现来家里串门的阿姨在偷看你洗澡。你会怎么做？

我们建议你大声告诉对方："你赶快走开，不要看我洗澡！"然后尽快告诉爸爸妈妈，或者其他值得你信赖的成年人。

6. 你很喜欢的一个同性朋友或者异性朋友，想要抚摸你、爱抚你、

亲吻你、与你做爱，但你并没有准备好，不希望发生类似的行为。对方软磨硬泡说，这是他／她表达喜欢和爱你的一种方式；如果你不同意，就是不喜欢、不爱他／她。你该怎么办？

我们想对你说：好朋友或者亲密关系中的恋人更应该懂得照顾你的感受，并尊重你的意愿。他们对你的爱和喜欢，应该是让你感到舒服而不是让你感到为难、不知所措。除了身体上的亲密接触之外，你们之间还可以通过相互关心、彼此鼓励、倾听对方的心事、分享快乐和难过等方式来表达喜欢和爱。面对朋友的请求，你可能担心，一旦拒绝对方就会让其感到难受，甚至会失去这个朋友或恋人。不过，对方用喜欢和爱作为借口，逼迫你做不情愿的事情，并不是喜欢，更不是爱，而是用喜欢和爱包装起来的情感操控。

你要相信自己有能力辨识这一"喜欢和爱"的本质，并有权利采取行动，对不喜欢的行为说"不"。如果对方不能理解和接受，就只能说明他们不是真正值得你信任的朋友或恋人。

7. 一位你认识的大人平时对你很好，有一天要跟你玩一个"好玩的"游戏，无论输赢，两个人都要脱去衣服。你会怎么做？

我们建议你告诉对方："我不玩这样的游戏。"如果那个大人是爱你的，那么他／她一定不会勉强你去做你不愿意做的事情。所以，你拒绝是理所应当的。

8. 在学校厕所里，有个男生在你小便的时候站过来围观，并跟你说"来我们比比谁的鸡鸡更大"，并试图摸你的阴茎。你会怎么做？

我们建议你迅速闪身躲开，不让他摸到你。你可以尽量保持从容镇静，态度严肃地告诉他："我不喜欢、不愿意你这样对我。"然后赶快离开，并尽快告诉老师和爸爸妈妈。

9. 家人的亲戚、朋友或者同事到你家里做客，他／她（们）对你说："哎呀，都长这么大了，让我看看你的小鸡鸡／胸部发育好了没？"你会怎么做？

我们建议你迅速闪身躲开，礼貌并坚决地告诉对方："谢谢关心，不需要，每年学校检查身体的时候，医生会帮我检查的。"

10. 你上寄宿制学校。如果晚上熄灯就寝时，查寝的老师以看看你睡着了没有为借口，触碰你的身体或隐私部位，你会怎么做？

我们建议你立即坐起来或站起来，态度严肃地大声说："你不能这样摸我！这样做是犯罪！你想坐牢吗？"

你的声音要足够大，要让其他同学听到。在集体宿舍里，这样的反应足以让老师住手。然后，请同学协助你，尽快告知值得你信赖的老师，并告知爸爸妈妈。必要时，可以拨打 110 报警。

11. 如果你的继父母或亲生父母，在有条件允许让你有自己卧室的情况下，还要求与你同睡一张床，并以关爱你为借口，想要亲吻、抚摸你的隐私部位。你会怎么做？

我们建议你要态度坚决地告诉对方："我长大了，应该有自己的房间和床铺。你们不应该亲吻、抚摸我的隐私部位，应该尊重我的身体界限。"

如果他们继续说"我是你的（继）父母，难道还不能摸你、碰你了吗"，你可以告诉他们："中央电视台'法律讲堂'的检察官和法律专家说过，儿童的隐私部位是不能让别人随便触摸的，即使是亲生父母也不能摸，否则就是犯法。"如果他们仍然不听，你要找其他值得你信赖的成年人阻止他们，或者拨打 110 报警。

12. 你去医院检查身体，或是学校安排体检，医生趁你的家长或其他同学不注意的时候，抚摸你的隐私部位，并恶狠狠地瞪着你，让你不要声张。你会怎么做？

我们建议你千万不要忍气吞声，一定要说出来。你可以当时就叫喊："喂，请不要这样摸我！"通过大声喊叫，引起同学和老师的注意，让他们帮助你。

不给陌生人性侵犯的机会

尽管大多数性侵犯者是儿童认识或信任的熟人，但陌生人更有机会用合理的借口，把儿童带到方便性侵犯的地方。因此，防范陌生人是必要的。

1. 陌生人请你给他 / 她带路，或者让你到附近超市帮他 / 她买饮料。你会怎么做？

我们建议你拒绝对方："对不起，请你找大人帮忙！"大人需要帮忙时，一定会找另一个大人帮忙，不应该找小孩子。

2. 放学后，如果有一位你不认识的大人，说要带你去一个"很好玩"的地方，看一些有趣的东西，或者跟你玩有意思的游戏。你会怎么做？

我们建议你拒绝对方："爸爸说，不可以跟陌生人去玩。"然后马上走开。事后告诉爸爸妈妈或老师。

3. 你单独一个人等候乘电梯，身旁有个陌生人令你感到不安。你会怎么做?

我们建议你不要和这个陌生人同乘一部电梯，宁愿等下一部。儿童乘坐电梯，最好有熟悉的成年人陪同，或者几个同伴一起走。

4. 在公园里，有个陌生人请你喝饮料。你会怎么做?

我们建议你拒绝接受："多谢! 妈妈说，不可以随便吃人家的东西。"然后立即走开。

学会保护自己
远离儿童性侵犯行动指南

5. 你独自在家，有个陌生人说有人受伤，想要进屋借用你家电话打 120。你会怎么做？

我们建议你告诉对方："爸爸妈妈不准我给陌生人开门，请你找别人帮忙吧。"不要开门！如果你已经开门，要立即把门关上，不让那个人进屋。最理想的做法是，请爸爸妈妈不要把你独自留在家里。这样，遇到类似的情况时，你可以及时向家人求助。

6. 你独自在家，有个不认识的人说是你妈妈的朋友，要求进屋等候。你会怎么做？

我们建议你告诉对方："不好意思，爸爸妈妈不准我给陌生人开门进屋。你等我爸爸妈妈回来再来吧。"千万不要开门！

7. 一位不认识的女人说，你爸爸妈妈让她来接你放学回家。你会怎么做？

我们建议你不要跟她走，留在学校，立即把这件事告诉你信任的老师，让他们帮助你。或者直接给爸爸妈妈打电话，把这件事告诉他们。

8. 如果你见到一个男人在你面前露出生殖器，你会怎么做？

我们建议你保持镇定，尽可能若无其事地走开。因为这样的人喜欢听到别人惊恐尖叫的声音、看到别人恐惧的样子。如果可能，你要到离你最近的派出所或公安局，把这件事告诉警察，或者直接拨打 110 报警。

9. 你接到一个无聊电话，对方在电话里说性挑逗的话。你会怎么做？

我们建议你立即找成年男性接听。如果你身边没有别人，就立即挂上电话。不要让他／她说的讨厌话影响你。

10. 陌生人打错电话，却反问你家中的电话号码。你会怎么做？

我们建议你告诉对方"你打错电话了"，然后立即挂掉电话。

11. 你独自在家，有人打电话问是否有大人在家。你会怎么做？

我们建议你告诉对方："爸爸妈妈暂时不方便听电话，请您留下电话号码和姓名，他们会尽快给您回电话。"

12. 在公交车上，坐在旁边的陌生人时常故意触碰你的身体，你会怎么做？

我们建议你，在保证安全的前提下，高呼"大人不应该欺负小孩"。或者立即离开座位，走到售票员或公交车司机身边，把事情讲给他们听，请他们帮助你。

不给任何人利用互联网实施性侵犯的机会

如果你以为，儿童性侵犯只发生在现实生活中，那就大错特错了。在互联网这个虚拟空间里，儿童同样可能会遭受性侵犯。因此，要提高警惕，不让任何人有机会在互联网虚拟空间性侵犯你。

1. 如果一个和你非常聊得来的网友约你线下单独见面，并承诺带你去游乐园、去看电影、给你买很多好吃的。你会怎么做？

我们建议你：立即关闭同他 / 她的对话框。网友约你单独见面并承诺给你好处，是非常危险的信号。一定不能独自约见网友。

2. 如果网友在和你聊天时，说跟你聊天非常愉快，想看看你长什么样子，借机向你索要照片。你会怎么做？

我们建议你：不给！不给！不给！索要你的个人照片，往往是互联网性侵犯的开端。接下来，可恶的坏人可能会得寸进尺，以哄骗、威逼利诱等方式进一步向你索要裸露身体的照片，进而胁迫你裸聊、约你见面等。"你不听话，就将你发的照片公开到网上"这是互联网性侵犯者常用的手段。

因此，当网友向你索要个人照片时，尤其是要你上传隐私部位的照片时，你一定要小心。不拍、不发，是最好的做法！

3. 如果你收到陌生人发来的 QQ 消息，说他 / 她能帮助你成为一代童星，为家人争光，但前提是，你给他 / 她发裸露的照片或视频，以检验你是否具有童星的潜质。你会怎么做？

我们建议你：千万不要相信！这一定是骗子！你要记住，不要随意向你爱心名单以外的人发送你的个人信息，特别是隐私部位的照片。不管是在实际生活中，还是在互联网上，你的隐私部位都需要得到保护。

4. 如果有人通过手机、QQ、微信给你发送带性意味的图片、文字、语音、小视频，甚至要求你做一些带有性意味的动作，跟他 / 她进行互动。你会怎么做？

我们建议你：不做！但可以保留截图，向离你最近的派出所或公安局举报，并将对方举报拉黑。同样地，也希望你不要在互联网上发布和传播任

何与性有关的信息。

5.如果有人在游戏中加你为好友，并跟你说，如果你给对方发送隐私部位的照片，就带你打游戏升级，并给你买装备、充值点券。你会怎么做？

我们建议你：不要理会。有些坏人专门利用儿童喜欢玩网络游戏、手机游戏，但却没有足够的零花钱给游戏充值的心理，对儿童实施性侵犯。你一定要提高警惕。"天上不会掉馅饼"，可不仅仅是老生常谈的警告哟。

检察官对你说

成年人有保护儿童的法定义务

你感受得到吗？我们一直在鼓励你：当有人对你有不受欢迎的身体关注或身体触摸时，你要尽快告诉值得你信赖的成年人！

因为儿童都有受成年人保护的权利（联合国《儿童权利公约》）。相应地，对儿童有保护职责的成年人都有义务保护儿童免受暴力伤害（包括性侵犯）。如果这些成年人不履行保护儿童的法定义务，就要承担相应的法定责任。

你的父母或其他监护人，是你的法定监护人。他们有法定义务保护你免受暴力伤害。因此，你需要首先向他们求助。当然，如果对你做出性侵犯行为的人正是他们，他们就没有能力保护你了。这时，你要让其他值得你信赖的成年人来保护你。

我国的强制报告制度规定：对儿童有保护职责的单位和人员，对有可能受到性侵犯的儿童负有强制报告的责任。如果发现儿童受到性侵犯,他们必须立即报警，并及时向上级主管部门报告，以便妥善处理。负有强制报告责任的单位和人员未履行报告义务的，他们的上级机关和有关部门要严肃追责。

对儿童有保护职责的单位包括学校、幼儿园、医疗机构、共青团、妇联、未成年人保护委员会、村委会、居委会、社会工作服务机构、救助站、福利院等。

对儿童有保护职责的工作人员包括老师、医生、护士、教练、社工、心理咨询师及其他工作人员等。

一旦发现学生在学校内受到性侵犯，学校或家长要立即报警并彼此告知,同时学校要及时向上级教育部门报告。

医生和医院发现患者可能受到了性侵犯的伤害时，应当向相关部门报告。

心理咨询师在心理咨询中，如果发现未成年人受到性侵犯，他们有责任向合法监护人或相关部门预警。

因此，除了向身边值得你信赖的成年人求助外，你还可以向以上对儿童有保护职责的单位和工作人员报告，寻求帮助和保护。

不过，检察官建议你，为了你的隐私不被更多人知道，最好直接拨打110报警。

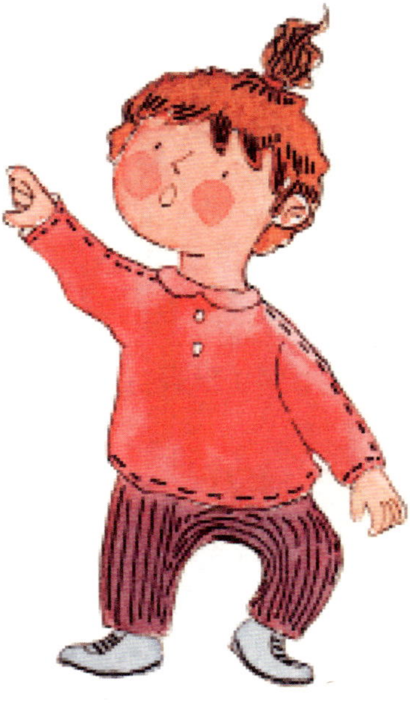

第三章

应对与保护

禁止从事与未成人培训相关的职业

开篇故事

（续第二章）恩恩为了不让父母担心，也因为觉得自己并没有受到实质性的伤害，就决定把秘密藏在心底。

在接下来的日子里，恩恩总是会做噩梦，她不记得自己有多少次从噩梦中哭醒，她不知道这样的日子什么时候是个尽头。就在恩恩最煎熬的时候，小可突然告诉恩恩，她以后都不会再去上围棋课了。

小可的离开，给了恩恩更大的打击。她在犹豫要不要告诉自己的爸爸妈妈，可是她始终没有勇气把这一切说出来。

于是，她尝试以身体不舒服为由，请求妈

妈不要再让她去上围棋课。可是，每次妈妈都以为是恩恩在偷懒，还狠狠地训斥了她。有一次，妈妈和爸爸因为恩恩不想上围棋课而吵了起来，吓得恩恩不敢再说下去。

她在心里默默地说："妈妈，我不是今天不想去上围棋课，我是以后都不想去了。可是我不敢跟你们说。最近我总是做一些可怕的梦，梦里有一双可怕的手，紧紧地拽着我，还捂住了我的嘴，我感觉透不过气。我想要逃跑，可是，不论我怎么逃都逃不出去。今天早上您又责备了我，说我偷懒不上进。我没有！可是我不知道怎么跟你们说。看到您跟爸爸因为我的事争吵，我更不敢说了。我到底该怎么做？"

就这样，恩恩依旧每周去上围棋课。每次，妈妈接恩恩放学，宫老师都会在妈妈面前夸奖恩恩是一个有天赋的孩子。恩恩妈妈听了很是开心，还说麻烦宫老师多照顾照顾恩恩，并且要求恩恩每周必须去上围棋课。恩恩则是在旁边一言不发。她心里压着被触摸的秘密，内心越发煎熬。

直到有一天，一个女孩的家长在微信群里说，自己的孩子告诉她，老师在学校摸了她的屁股。这条微信瞬间在群里炸开了锅，家长们赶紧询问自己的孩子，在耐心询问下，居然有八个孩子说出自己被老师摸了屁股。恩恩妈妈这才恍然大悟！原来，恩恩不想去上围棋课，并不是偷懒，只是为了躲避性侵犯。

家长们赶紧报了警。最终，宫某因猥亵儿童罪被判处有期徒刑七年六个月，并且在刑罚执行完毕后五年内，被禁止从事与未成年人培训相关的职业。

——引自央视《守护明天》节目《培训班里的"黑手"》

（有删节）

有时候，无论我们怎么小心，性侵犯事件还是会发生的！就像故事中的恩恩、小可和小琴，她们都是"懂事"的好孩子：热爱学习、信任老师、体谅父母……可是，宫老师却背叛了学生的信任。他利用做老师的权威，骗取家长的信任，在课堂上多次性侵犯学生。发生性侵犯，不是恩恩、小可和小琴的错，而是性侵犯者宫老师的错！但是，由于没有及时得到值得信赖的成年人帮助，她们不得不为侵犯者的错误背上沉重的心理负担。这是多么不公平！

宫老师做了违法犯罪的错事，理应承担法律责任，才能不让性侵犯事件再次发生。由于大人的权力通常比小孩的权力大，因此，单靠小孩自己往往无法阻止性侵犯的发生。如果你是恩恩、小可和小琴，你会怎么做呢？

无论性侵犯事件是过去发生的，还是现在正在发生的，只要你觉得自己可能受到了性侵犯，先不要责怪自己。你要尽快告诉值得你信赖的成年人，让他们帮助你，保护你。这是最正确的做法，也是最勇敢、最聪明的行动！这样，你才有机会不受性侵犯，开始新的生活，像其他同龄人那样享受健康成长的快乐。

为什么要告诉成年人

全世界研究表明，儿童遭受性侵犯次数越多、时间越长，所受到的心理创伤就越严重，而且越有可能同时受到身体伤害。因此，只有及早制止性侵犯的发生，才能减少伤害，甚至消除伤害。

不过，性侵犯者不会主动站出来承认自己性侵犯儿童的行为。他们通常比儿童有权、年长、体壮，会利用自己的权势地位，采取种种威逼利诱的手段，使得儿童为他们保守秘密。因此，单靠儿童自己很难让他们停止性侵犯行为，而是需要成年人出面制止。否则，性侵犯者可能会做出越来越严重的性侵犯行为，还有可能性侵犯更多的孩子。

另外，为坏人做的错事保密，会给自己很大的心理压力。而向自己信赖的成年人说出坏人的秘密，你会感觉轻松一些，并且更有机会获得成年人的保护和支持，回归正常生活。

如果你能及早向值得信赖的成年人寻求帮助，那么你不仅会保护自己不受性侵犯伤害，还能保护更多的儿童不受性侵犯伤害。

告诉谁

每个人信任和喜欢的成年人都不一样。想一想，在你的生命中，谁是值得你信赖的成年人呢？也就是说，如果有人欺负你，你认为哪些成年人会帮助你呢？你可以把值得你信赖的人的名字写下来，然后试着按照你对他们的信任程度进行排序。你也可以画出他们的样子，或者贴上他们的照片。

绝大多数儿童会首先想到爸爸妈妈。没错，因为父母是孩子的法定监护人，他们对保护自己的孩子不受任何暴力伤害负有最大的责任。

如果你的爸爸妈妈不在身边，或者他们因为一些原因不能及时保护你，那么你可以考虑告诉其他亲人，例如爷爷、奶奶、外公、外婆、姨妈、舅舅、叔叔、伯伯、姑姑、哥哥、姐姐等。

如果你觉得家人不能保护你，特别是当侵犯你的人就是家人时，你可以选择告诉其他值得你信赖的成年人，例如班主任老师、心理老师、疼爱你的亲戚、邻居、社工、给你看病的医生、教练等。

有些大人可能不相信你说的话，或者发脾气、责怪你。你会怎么办呢？我们建议你，认真、诚恳地告诉他 / 她：在性侵犯这件事情上，你不会说谎。请他们先相信你，然后去调查这件事。

如果你告诉第一个成年人，而他 / 她却不能给你帮助和支持，不要放弃！你要告诉第二个。第二个人如果不相信你，你要告诉第三个……直到有人相信并帮助你为止。

万一你真的找不到身边可以信赖的成年人，你可以拨打一些紧急求助热线或登陆相关网站，例如下表。你甚至可以直接拨打 110 报警，让警察来帮助你！

不要怕！即使性侵犯者是你的亲生父

● 12309 检察服务热线，12309

（最高人民检察院设立，全国统一号码，可以受理未成年人控告、刑事申诉、申请救助）

● 12309 中国检察网，https://www.12309.gov.cn

（最高人民检察院设立，内设未成年人司法保护专区，向公众提供未成年人控告、刑事申诉、申请救助服务入口）

● 青少年维权与心理咨询公益服务热线，12355

（共青团中央设立，全国统一号码，法律援助和心理咨询）

● 妇女维权公益服务热线，12338

（全国妇联设立，全国统一号码，受理妇女儿童侵权投诉、法律及心理咨询）

● 北京市儿童保护法律服务热线，010-63813995

（北京市民政局购买服务，法律咨询、接受儿童监护侵权举报、转介服务）

● 北京市心理援助热线，800-810-1117；010-82951332

（北京心理危机研究与干预中心设立，面向全国的危机干预热线，24 小时免费）

● 春风网（心理创伤援助公益平台），www.858.org.cn；春风邮箱：858@858.org.cn；春风热线，0755-82525801（8：00—20：00）

（深圳市春风应激干预服务中心设立，预防性侵犯、援助遭遇者"春风计划"公益项目，面向全国对接资源、提供心理咨询和法律咨询）

你也可以通过互联网查询你所在地区的心理危机干预热线

母，法律也会"管"！因为时代进步了，人们的观念改变了，儿童并不是父母的私有财产！家人之间的性侵犯已经不是家务事，而是严重的违法犯罪行为！需要国家法律来管。只要家里有性侵犯者出现，家庭就不再是安全地，而是施暴场。所以，你揭发性侵犯，并不是拆散家庭，而是让国家纠正家人做的错事，让家庭重新变成安全的港湾。

怎么说

向值得你信赖的成年人讲述遭受性侵犯事件时，不必特别详细。你只需简要说出事情的经过，能让成年人判断怎样帮助你，就可以了，包括是否需要报警。

你可以说出事情发生的时间、地点、做出性侵犯行为的那个人是谁，以及那个人对你具体做了什么、说了什么等。

如果你拨打 110 报警电话或其他紧急求助热线，要记得说出以下内容：你的姓名、当时在什么地方、谁欺负你、你穿什么衣服等，以便让警察或其他可以帮助你的成年人能够尽快找到你。因为他们可能并不认识你！

开始新生活

　　遭受性侵犯，是一段令人难过的人生经历，但是，这并不是你的全部人生！无论侵犯者是否被判罪，只要有值得信赖的成年人在你身边，保证不让性侵犯事件再次发生在你身上，你就有机会开始新的生活。在这方面，你需要持续从家庭、学校、社区得到成年人的帮助和支持。当然，你也要帮自己！

你可能遇到困难

　　你可能（不是一定）会发现，遭遇性侵犯后，自己变得不讨人喜欢。有时候，连你都不喜欢自己的"性格"。你可能变得经常做噩梦，容易发脾气，容易害怕、紧张、自卑；你可能不相信任何人，觉得这个世界是危险的、可恶的，没有公平，只有弱肉强食；你可能觉得性是肮脏的、丑恶的，自己也是肮脏的、丑恶的；或者你认为性是自己唯一的价值；你可能会感到羞耻、内疚、自责……这些都会使你注意力不集中，没有心情学习，

学习成绩下降，不善于交朋友。你可能还会经常头疼、肚子疼、厌食或暴食、自伤……

其实，这些并不是你的真实性格，也不是你自己制造出来的病症，而是性侵犯本身给你造成的心理伤害。你的性格就好像在有毒的环境中待了很长时间，生了一场大病，留下情绪伤口。当你回到安全、友善、健康的生活环境，让自己身心发展的正常需要持续地得到满足时，你的真实性格就会恢复活力，你将继续展现人性的美好和智慧。你依然可以有机会享受美好人生。

需要身边人帮你

在生活中，你需要得到身边人的关心和爱护。让身边人帮你回到正常生活，给你创造健康成长的条件，才会帮你走出性侵犯伤害的阴影。

全世界四十多年的研究表明，性侵犯给儿童造成的伤害有多严重、多长久，并不完全取决于性侵犯事件本身，还取决于儿童在说出性侵犯后，对儿童有重要影响的人怎么对待他／她。这甚至比性侵犯事件本身更能影响儿童的未来发展。这些有重要影响的人物主要包括父母和家人、老师和同学，或者儿童认为对自己重要的其他成年人。如果儿童能从这些重要人物那里得到足够的支持，就会发挥自我疗愈能力，修复心理创伤。其中，家人的支持对儿童来说是最需要的，也是最重要的。

也就是说，你要有稳定的家庭生活。例如，和父母或其他照顾你的人生活在一起，得到他们稳定的照顾、理解和支持。和家人一起过有规律的生活，按时吃饭、睡觉、做家务、讲故事、做游戏等。和家人一起做开心的事，除了讲故事、做游戏之外，还可以种植物、养动物、去公园、看电影、到朋友家串门、参加兴趣小组、外出旅游等。当你心情难过的时候，可以和父母或照顾你的其他人说说心事。如果他们愿意听你说，而且不打断你、不责怪你，而是安慰你、鼓励你、帮你解决问题，再加上全家人能过稳定的家庭生活，经过一段时间，你的情绪伤口就会逐渐愈合。

研究还表明，好的学校生活和同伴友谊可以帮助受害儿童渡过难关。例如，与学校里的成年人（例如老师、校医、心理老师）建立良好关系、学业成绩优良、顺利完成学业并毕业、积极规划自己未来的发展、对学校的感觉良好、积极参加学校活动并获得成就感、感到学校环境安全并且压力不大，等等。

也就是说，你要有愉快的学校生活。在学校，你可以和同学一起听老师讲课、做作业、做锻炼能力的事、参加有意思的活动。这些都可以让你学到知识，增强本领，提高你的自信心和价值感，让你更开心。另外，在与老师同学相处的过程中，你还有机会学习信任别人，学会交朋友。如果学校里有心理老师，他们可以帮你学习调节情绪的方法，学习快乐生活的智慧。即使你因为受到性侵犯的经历而转学，你也可以在新学校重新开始。

让专业人员帮你

如果你的心理创伤反应比较严重，超出了家人和老师帮助的能力范围，这时最好寻求专业人员的帮助。"专业人员"是指社工、心理咨询师、心理治疗师、精神科医生、家庭治疗师、心理辅导老师等。他们的专长是协助儿童处理担心、害怕等情绪问题。他们的工作地点可能在医院，也可能在学校、社区机构、社会组织等。办理案件的检察官或律师也可能会向你推荐相关的专业人员。

你也要帮自己

稳定的家庭生活、愉快的学校生活确实重要。不过，你也要学会帮自己！这样，万一你现在的家庭生活和学校生活不够理想，你也可以帮自己减轻一些痛苦，起码不增加自己的痛苦。

那么，怎样做，才是帮自己呢？

第一，不要因为性侵犯的发生和揭秘而责怪自己。你要经常提醒自己：发生性侵犯，错不在你，有错的是侵犯者！你选择向值得信赖的成年人说出性侵犯的秘密，是一个正确的、勇敢的、聪明的行动。如果说出来后的结果不理想，那也绝不是你的错，而是与你无关的复杂因素造成的。

第二，要学会照顾和安慰自己。保证按时吃饭、睡觉、学习、运动。天冷了要给自己加衣服；肚子饿了要吃东西，而且要吃健康的食物；感到累了，要及时休息；感

到困了，要立即睡觉；想要高兴时，做一些让自己开心的事情；感到孤单时，找合得来的小伙伴玩一会儿；遇到学习困难，可以请教老师；心情不好时，要告诉你信赖的成年人，得到他们的安慰、保护和帮助。

第三，要学会鼓励自己。经常告诉自己：遭遇性侵犯只是你人生经历的一部分，而不是你的全部人生！经常想想你的生命中那些美好、健康、有力、自豪的经历和感受。对你信任的家人、朋友或老师表达你的感受，或者将感受画出来。这样可以让你对自己和未来感到更乐观并充满希望。

第四，改变"坏习惯"。侵犯者可能教给你了一些不好的习惯，例如经常发脾气、打人、说谎、用脏话骂人、看色情作品、随便摸别人的身体、在公共场合触摸自己的隐私部位，甚至想要性侵犯其他儿童、伤害自己等。你要在那些关心你的好人帮助下，努力克服和改变这些坏习惯，远离那些想要利用和欺负你的坏人。一切都是可以改变的！你要学会用不伤害自己、不伤害别人的方法帮助自己调节情绪，建设生活。

纠正迷思与偏见

迷思 1 侵犯者说："这是我们之间的秘密，你不可以告诉别人。"你同意吗？

如果你不同意，那么我们的看法是一致的。这是侵犯者害怕遭到惩罚而编出来的谎言！性侵犯行为是应该保守的秘密吗？根本不应该！因为性侵犯在法律上和道德上都是错误的，是伤害别人、危害公共利益的。因此，这个秘密不该守。其实，这只是侵犯者的秘密，并不是你的秘密！所以，你要把这件事尽快告诉大人。

迷思 2 有人说："如果你说出被人性侵犯的事件，你的爸爸妈妈就会离婚，就没人抚养你和弟弟。"你同意吗？

如果你不同意，那么我们的看法是一致的。揭发性侵犯和爸爸妈妈离婚有关系吗？没有！如果他们离婚，那一定是他们的关系出了问题，而不是因为孩子说了什么、做了什么。保护你不受侵害、抚养你和弟弟，是父母应尽的责任和义务。法律规定，即便他们离婚，这个保护义务也不会免除。所以，你应该及早把被人性侵犯的事实告诉爸爸妈妈，争取得到他们的保护。不过，如果性侵犯你的人就是父母，你要找其他值得你信赖的成年人保护你。国家会按照法律把失职父母的监护权转移到有能力保护你的成年人手中。

迷思3 一位 10 岁男孩告诉他的爸爸妈妈，有人对他做出性侵犯的行为。他的爸爸妈妈不相信他说的话，还说他在撒谎。你同意他的爸爸妈妈的说法吗？

　　如果你不同意，那么我们的看法是一致的。在性侵犯这件事情上，儿童通常不会说谎。性侵犯者通常要求儿童守密。如果孩子告诉父母自己受到性侵犯，而父母不相信孩子说的话，父母有一天会因为自己未能及时保护孩子而感到终生遗憾。

迷思4 因为被人性侵犯，你总是在心里责怪自己：
"我觉得自己很无能，没能保护自己！我懦弱、
肮脏，竟然被人性侵犯。"你想知道我们的看
法吗？

这不是你的错！如果有人想要性侵犯你，如果你没
能及时得到成年人的保护，只凭自己的力量，你是很
难制止性侵犯发生的。不是你无能，不是你懦弱，不
是你肮脏，而是侵犯者无能、侵犯者懦弱、侵犯者肮脏！
因为他 / 她竟然欺负小孩子！

迷思5 一个男孩受到继父性侵犯，他不想说出来，
因为他觉得"他很关心我，比妈妈对我还要
好很多。虽然他侵犯我，但他这么爱我，我
不可以告诉别人"。你同意吗？

如果你不同意，那么我们的看法是一致的。我们
想告诉这个男孩：虽然继父很关心你，但是性侵犯绝对
不是表达关心的正确方式。其实，这是犯罪行为。他
不是真的爱你！真正爱你的人是不会侵犯你的，尤其

是这么严重的侵犯！你一定要告诉妈妈或者值得你信赖的其他成年人，让性侵犯不再发生。

迷思6 一个女孩忧伤地说："侵犯者是我的亲人，我不可以告诉任何人，因为我不想让他因为我而坐牢。"你同意吗？

如果你不同意，那么我们的看法是一致的。我们想对这个女孩说："其实，从性侵犯你的那一刻开始，这个人就不配再做你的亲人了。他变成了罪人！是罪人，就应该受到惩罚！所以，即便侵犯者是你的亲人，你也应该告诉值得你信赖的其他成年人，让他们帮助你制止性侵犯继续发生。因为继续与侵犯者生活在一起，不利于你的健康成长，会对你的身心造成更严重的伤害。而你本来就享有健康成长的权利。请记住，不是你的举报让你的亲人坐牢，不是你给他／她造成牢狱之灾，而是他／她性侵犯儿童的行为应当受到法律的制裁。这样，才能让他／她彻底纠正错误！"

迷思 7 假如一位成年网友对你说："你主动和我在网上聊天，并邀请我见面，发生性侵犯的事是你的错，你对这件事负有责任。"你想知道我们的看法吗？

这是成年网友在威胁恐吓你，想要你因为害怕、自责、内疚而替他的行为保密。这本质上是一种心理操控。我们建议你不必理会这样的圈套！在儿童性侵犯事件中，需要负责的是侵犯者而不是受到性侵犯的儿童。

你还可以这样质问网友：难道与你聊天、约你见面就意味着同意与你发生性关系吗？就意味着在引诱你发生性关系吗？你是成年人，竟然利用儿童的天真无邪进行性侵犯，你的良心呢？！你的节操呢？！

迷思 8 一位初中女生听过预防性侵犯课程，突然为过去发生的事责怪自己。她说："我 10 岁时因为贪玩叔叔的手机，竟然同意叔叔摸我的胸。我禁不住诱惑，是我不好！"你同意吗？

如果你不同意，那么我们的看法是一致的。实际

上，这是叔叔的错，而不是这位女生的错。法律规定，
14 岁以下的儿童还不能真正理解性的含义，也就无法
做出性的承诺。所以，即便在金钱、物质的利诱下"同
意"参与性活动，也不是儿童的错，而是侵犯者的错！
这位叔叔竟然用玩手机哄骗、诱惑这位女生，进而对
她实施性侵犯，这完全是叔叔的错！

迷思 9 有人认为，在发生对儿童的性侵犯时，如果
儿童既没有说"不"，也没有及时制止性侵犯
行为，那么，儿童对于发生性侵犯也有责任。
你同意吗？

如果你不同意，那么我们的看法是一致的。研究表
明，发生对儿童的性侵犯时，儿童有可能会不知道正
在发生什么，或是由于害怕而不能做出任何反应，但

这并不意味着儿童需要为性侵犯负责。在性侵犯事件中，错的人只有性侵犯者。只有他／她才应该为性侵犯的发生负全责。

迷思 10　女孩子受到性侵犯就不纯洁了，丢脸！

这种想法源于看重女性"贞洁"的封建思想，是把女性的生命价值与"贞洁"捆绑在一起，是责备受害者，是把性侵犯的责任转移到受害者身上。实际上，女性的生命价值与生俱来，并不是由"贞洁"来决定的。应该为性侵犯感到羞耻的是侵犯者，而不是受害者！

检察官对你说

报警须知

要将性侵犯分子绳之以法，必须及时报警、保存证据。

🔔 报警越早越好

报警越早，记忆越清晰，证据保存得越完整，就意味着越有可能尽早抓住坏人，防止再次受害。你可以直接拨打110，也可以去附近的派出所。有你信任的成年人和你一起报警，你可能会感觉好一些。

🔔 注意保存证据

报警前，千万不要洗澡，尽量少上厕所，不要打扫案发现场，因为坏人留下的体液（精液、唾液等）、毛发、皮屑、当时穿的衣物（如被撕破的内裤、纽扣等）、指甲残留物、指纹、足迹、鞋印等都是非常重要的证据，也非常容易流失。切记，要注意保存这些证据，并立即提供给警方。

另外，微信等社交软件上的聊天记录也是非常重要的证据，不要删除，要及时提供给警方。

🔔 配合调查取证

报警后，会有警察叔叔或阿姨给你做笔录。做笔录，也叫询问，就是记录你所讲的被侵害过程，就像你是老师，警察是学生听写一样。记录完毕，再交给你看看是否准确。如果你觉得记录准确，要签上自己的名字。做笔录，可以在父母等成年人的陪同下完成。

警察叔叔或阿姨可能会安排你到医院做检查。一方面，医生要检查你的身体有没有受伤、感染疾病，或是否有可能怀孕，以便及时治疗或紧急避孕。另一方面，警察需要这些证据。如果取到精液、毛发等物品，他们会拿去到专门的机构进行化验、鉴定（比如 DNA 鉴定），然后出具一份报告，证实是否为侵犯者所留，以便提交给法院。做身体检查时，你可以要求你信任的成年人陪同。

🔔 警察会问什么

记住，你对警察的陈述就是非常重要的证据，但必须要如实讲，否则就不能作为证据使用！

一般情况下，警察叔叔或阿姨们会问：你是在什么时间被性侵犯的？地点在哪里？那个人叫什么名字或长什么样子？你是怎么认识他 / 她的？那个人用身体的哪些部位，做了什么？那个人当时说了什么？你当时是怎么反应的？你说了什么？做了什么？那个人做过几次？

所以，在被性侵犯时，要尽量记清楚坏人的长相、身高、特征（比如隐私部位有伤疤、文身等）、坏人作案时的动作、说过的话等。如果不好

意思直说，也可以用警察叔叔或阿姨提供的玩偶辅助说明。

如果警察叔叔或阿姨看起来比较严肃，语气不像你想象中那么温柔，你也不要害怕，不必害羞。因为他们的主要工作是抓坏人，所以看起来会严肃一些。不过，他们都是想要搞清楚案情、想要给你帮助的成年人。

致孩子身边的成年人

　　要让孩子学会自我保护，远离性侵犯的伤害，一个重要前提是，这个孩子身边至少有一位值得他 / 她信赖的成年人，有能力在孩子需要的时候，即时出现，给他 / 她有力的支援和保护。

　　无论您是家长，还是学校老师，或者是孩子生命中遇到的其他成年人，您都有可能在保护儿童免受性侵犯伤害中发挥不可替代的重要作用！

　　这本行动指南是用心专门为未成年人创作的。近年来，市面上已有不少针对低幼儿童防性侵的绘本或读本，在预防儿童性侵犯教育方面发挥了重要作用。不过，大多数绘本或读本主要是告知孩子们"是什么""做什么"，却较少让孩子们清楚地知道"为什么"，不太适合大孩子。为了弥补这个不足，本书把目标读者定位在有一定文字阅读能力的学龄儿童和青少年。

在内容方面，考虑到00后是"触网"长大的一代，他们绝对有机会接触到海量信息。不过，碎片化信息未必准确、全面。为了弥补这个不足，本书以《综合防治儿童性侵犯专业指南》中的专业知识为基础，参考国内外相关文献，力求让孩子们获得准确、全面的信息，不仅知道"是什么""怎么做"，还知道"为什么"，希望协助他们在阅读中形成自己的价值判断，在现实生活情境中采取有效行动。

在行文方面，本书以平等、信任、肯定、鼓励的姿态，与孩子分享，助孩子赋能，允许孩子有不同看法。在措辞方面，本书力求给孩子们装备表达诉求、争取权利的语言和逻辑，强化保护自己免受性侵犯伤害的力量。

当然，要想让本书真正发挥作用，单靠孩子"自我保护"是不够的。孩子特别需要您——他们身边的成年人，给予协助和支持。如果您愿意与孩子共同阅读，愿意给孩子机会与您一起讨论书中的内容，特别是愿意与孩子一起讨论"纠正迷思与偏见""练习情境判断"，您会在倾听、信任、肯定和鼓励孩子的过程中，逐渐成为孩子心目中值得信赖的成年人！这是保护儿童远离性侵犯伤害的重要保障！

　　建议您在与孩子一起研读这本行动指南时，旗帜鲜明地表达如下伦理立场：每个孩子都有权利得到成年人的保护和帮助；发生性侵犯并不是孩子的错，而是侵犯者的错；性侵犯儿童的行为之所以是错误的，并不是因为其带来贞洁耻感，而是因为那是侵犯儿童权利、给儿童造成伤害、制造家庭/学校/社会恐怖气氛的暴力行为，甚至是违法犯罪行为；自己不要成为侵犯者；自己不做旁观者，而做守望者。相信您作为成年人表达上述立场，能够给儿童赋能，使他们更理直气壮地自我保护，更有勇气和力量疗伤止痛。

　　另外，您最好能让孩子明白，预防性侵犯并不意味着要抵制正常的人际交往。在日常生活中，绝大多数成年人并不是性侵犯者，而是愿意培育孩子健康成长的人。这样，可以减少孩子生态环境中不必要的紧张气氛。

　　或许孩子在阅读本书的过程中，对您说出他/她过去或现在正在受到性侵犯的经历。请您不要感到意外，而要平静面对！这说明在共同阅读、研讨的过程中，孩子终于找到他 / 她心目中值得信赖的成年人，终于有勇气说出压在心底的黑色秘密，终于有机会终止噩梦、开始新的生活。这个时候，孩子更需要值得信赖的成年人给他 / 她持续的关怀和支持。如果您能对孩子表达信任、支持、保护，他 / 她就更有机会疗愈创伤。为此，请您阅读《综合防治儿童性侵犯专业指南》一书第六章"披露与识别"（理解孩子披露的困难）、第十一章"初步询问"（了解如何正确地回应孩子）。本书附录简介家长和老师给孩子事后支援的行动方向，供您参考。在后续出版的家长指南中，我们还会详细讨论这一话题。

儿童性侵犯是一个非常复杂的全球性社会现象和社会问题。本书难免有很多不足之处。非常欢迎小读者及其身边的成年人、同道同行提出宝贵意见，我们持续改进。

龙迪

2019 年 10 月 8 日，北京

附
录

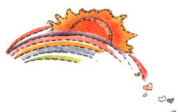

人际支持，抚平孩子心里的伤口

龙 迪

　　自 20 世纪 70 年代美国女性主义运动让"儿童性侵犯"现象浮出水面以来，全球 40 多年的研究表明，性侵犯给孩子造成的心理伤害，并不完全取决于性侵犯事件本身，还取决于周围人的态度和做法。如果孩子能够及时从家庭、学校、社区中得到足够来自成年人的人际支持，不仅可以避免伤害再度发生，还有利于消除性侵犯造成的负面影响。

　　人际支持，是指成年人为孩子提供疗伤止痛的心理支援，包括采取有效的保护行动、相信孩子说的话、肯定孩子错不在他 / 她、在交流中增加孩子的驾驭感、协助孩子尽快回到正常生活等。需要强调的是，老师是孩子的生命中仅次于家长的重要成年人，因此老师提供的人际支援对孩子而言非常重要。

采取保护行动，给予安全感

儿童只有生活在安全的环境中，才有可能疗愈创伤。因此，得知孩子遭受性侵犯后，老师要立即上报学校或教育主管部门，尽快采取保护行动。例如，及时报警、协助司法部门尽快控制嫌疑人或把孩子转移到安全的地方等，不让侵犯者再有机会接触到儿童。

性侵犯事件披露后，孩子特别需要得到周围人的理解和支持。此时，家长尽量不要把孩子长时间安置在别处或立即转学。因为按照孩子的逻辑，被要求出局的人是有错的。如果家长把孩子送到其他地方，孩子可能会产生"受到性侵犯和披露性侵犯事件都是自己的错"的想法。另外，孩子适应陌生的环境要消耗很多身心能量，不利于心理创伤的疗愈。如果实在要离开原居住地的话，应该安排孩子与他/她所信任的家人生活在一起，避免让孩子产生被遗弃的感觉。

相信孩子说的话，肯定错不在他/她

当孩子说出受到性侵犯的秘密时，老师或家长要相信他/她说的话，这会给孩子很大的心理支持，从而相信老师或家长愿意保护自己。研究表明，对于受到性侵犯的孩子而言，周围人不相信他／她所带来的伤害甚至胜于性侵犯事件本身。研究还显示，在孩子说出性侵犯经历的案件中，绝大多数是真实的，孩子通常不会拿性侵犯经历来说谎，或诬告别人。因此，当你听孩子说他／她被别人性侵犯时，你应该首先相信孩子说的话（而不是怀疑），然后感谢他／她的信任，肯定他／她的勇气。

家长和老师还需要不断地让孩子知道：受到性侵犯不是他／她的错，而是侵犯者的错。即使孩子因为种种原因没能抵制性侵犯的发生，但这并不意味着侵犯者有权利性侵犯孩子。老师和家长应坚定、平静地让孩子知道——侵犯者对他／她做的事是错的。这样有助于修复孩子的自我价值感和对成年人的信任感。

不过，老师和家长也不要在孩子面前过于羞辱侵犯者，因为孩子和侵犯者的关系是很复杂的。性侵犯的关系动力通常会破坏孩子的界限感。孩子可能会对侵犯者有感情，因为这个人曾对自己"好"。因此，如果老师和家长表现出对侵犯者有强烈的情绪反应，孩子可能会感到自己的感情被否定，感到老师和家长不能理解自己。

在交流中增加孩子的驾驭感

在得知孩子受到性侵犯后，老师和家长在处理性侵犯事件时，要给孩子选择的自由，即不要求孩子为成年人守密，不强制孩子接受成年人的决定。因为性侵犯通常发生在不平等的权力关系中。侵犯者利用自己的权威地位，对孩子进行心理操控，强迫孩子被动服从，要求为其保守秘密，孩子没有选择。因此，避免重复强制、操控、隐秘和没选择的关系模式，就是避免再度伤害。

有时，老师和家长为了保护孩子，会背着孩子处理性侵犯事件，但这样做反而会增加孩子的内疚感和自责感。正确的做法是，老师和家长在做相关决定时，要考虑孩子的意见，并让孩子及时知道正在发生什么事情。这样，孩子就会更有安全感，能真实地感受到老师和家长有意愿、有能力保护自己。

至于"要不要和孩子谈论性侵犯这件事"，应尊重孩子的意愿。如果老师和家长无法肯定孩子是否想要说这件事，可以告诉孩子："如果你想找人说说这件事，我愿意听你说。如果你不想说，可以不说。什么时候你想说，你可以告诉我。"

如果孩子主动和老师或家长提起这件事，便说明他 / 她希望在安全信任的环境中处理过去受到的伤害。这时，老师或家长要找一个安静、安全的地方，关掉手机，保持平静和耐心，听孩子诉说，跟随孩子叙述的脉络，回应孩子想要谈论的话题，肯定孩子的感受，而不是分析、评判孩子所讲述内容的对错。最后，老师或家长要肯定孩子的勇敢，并感谢孩子对自己的信任。

另外，语言，是成年人习惯的交流方式，孩子不一定擅长。家长和老师可以阅读游戏治疗和艺术治疗的相关书籍，用孩子擅长的方式进行交流，如此更容易让孩子有驾驭感。例如：如果看到孩子心情不好，老师或家长可以让他 / 她选择彩色笔，画出自己的心情；或者让孩子在一张人的画像上，用笔标出哪个部位不舒服。

回归正常生活，增加正面生活经验

让孩子回归正常生活的轨道，是最有效、最自然、最经济的疗愈方法。

受到性侵犯的孩子可能会有一系列"不讨人喜欢"的表现，比如：出于恐惧和愤怒，会突然发脾气、打人、骂人；缺乏界限感，随便动别人的东西；当众做出有性意味的动作；甚至做出自残、自杀行为等。这些都是性侵犯给孩子造成的心理创伤反应，包括性创伤（扭曲的性态度、性观念、性行为）、背叛感（破坏对自己、他人及世界的信任）、耻辱感（觉得自己是"残次品"）、无能为力感（缺乏自我效能感和掌控感）。长期遭受性侵犯会严重影响孩子身心健康发展，表现在情感联结及信任受到干扰和破坏（依附创伤）、自我调节功能失调（情绪、认知、生理、人际关系）、负面自我感（缺乏自我价值感）等。不过，这些都可以通过适当的方法矫正过来！

面对上述行为，老师和家人不要因此羞辱、惩罚孩子，如此反而会增加他／她的恐惧、愤怒情绪。老师可以善用自己的权威身份，倡导和平友善的校园／班级文化，教导学生们不要对有心理创伤反应的孩子及其家人品头论足，而要理解他们的难处，给予实质帮助和心理支持。

研究表明，同伴友谊、学校生活的正面经验有助于培育受害儿童疗愈创伤的抗逆力。老师可以运用在校园开展的班级活动、社团活动、教学活动、学生工作等载体，与孩子建立良好的师生关系；鼓励受害的未成年人多参与学校活动，从中获得成功经验，建立正面的自我感（成就感、价值感、荣誉感）；创造条件协助他们建立同伴友谊。

班主任、科任老师、德育老师可以配合心理老师或学校社工，协助受害儿童用舒缓的方法处理紧张、不安的情绪，从而恢复情绪调节能力。例如：邀请孩子用深呼吸平静猛烈的情绪，用游戏或艺术方法表达自己的感受，用自我对话的方式安慰自己等。在孩子平静下来后，老师应心平气和地告诉孩子，破坏性行为或自我伤害行为并不能满足他们的需要，反而破坏人际关系，增加他们的痛苦，并与孩子讨论如何用建设性方法替代不适当的行为，去满足自己合理的需要。当孩子改正时，老师要立即肯定和鼓励。

总而言之，老师和家长需谨记：受到性侵犯，只是孩子人生中的一段受伤经历，并非他们生命的全部。我们不要总是盯着那段经历，去强化他们的创伤记忆，而要善用家庭、校园、社会的资源，增加他们的正面生活经验，让他们有足够的生命能量去转化伤痛。

转引自《教育家》（光明日报主管），

2019.8（总第 185 期）17-18 页

（作者有删改）

参考文献

[1] 龙迪.综合防治儿童性侵犯专业指南.北京：化学工业出版社，2017

[2] 联合国教科文组织，等.国际性教育技术指导纲要（修订版）.北京：联合国教科文组织，2018

[3] 刘文利.珍爱生命——小学生性健康教育读本.北京：北京师范大学出版社，2017

[4] 中华人民共和国民法总则（2017年10月1日施行，现行有效）

[5] 中华人民共和国刑法（1997年10月1日施行，现行有效）

[6] 中华人民共和国治安管理处罚法（2006年3月1日施行，现行有效）

[7] 关于惩治性侵害未成年人犯罪的意见（2013年10月23日生效，现行有效）

致　谢

给孩子们创作一本实用、贴心的预防儿童性侵犯行动指南，需要集体智慧！在此感谢以下同人对于完成本书的重要贡献。

感谢吴翎翎检察官（上海市闵行区人民检察院第七检察部）撰写"检察官对你说"相关内容，并在整个创作过程中提出修改意见。

感谢仇雪郦同学（北京师范大学社会发展与公共政策学院 2015 级硕士）撰写初稿"纠正迷思与偏见""练习情境判断""自我评估""写给青春期的男生和女生"，并在整个创作过程中从年轻一代的角度提出很多真知灼见。

感谢王曦影博士（北京师范大学教育学部教育理论研究院教授）、佟丽华律师（北京青少年法律援助与研究中心主任）、李红艳女士（联合国教科文组织驻华代表处项目官员）、王海检察官（最高人民检察院第九检察厅）、钟丽珊女士、陈雪梅女士（联合国儿童基金会驻华办事处儿童保护专员）、曲小军女士（北京大学附属中学高级心理教师）审阅书稿。他们从儿童权利、社会性别、法律的角度提出修改意见，让本书承载的信息更准确、更全面。

感谢林简同学（北京师范大学附属实验小学2015级／四年级）用心试读书稿，写出如下评论，给我信心和鼓励。她说，这本书写得非常好，她看得懂，内容耐读而不枯燥乏味，陈述方式简练，阅读过程中没有不舒服的感觉，都挺好的。林简同学还认真地标出估计别的小朋友可能看不懂的词汇，供我修改。她坚信，如果这本书出版，小朋友会愿意阅读。

感谢陈子坤同学（爱丁堡大学建筑设计系三年级学生／我的女儿）在创作伊始的讨论中提出很多创意，启发并鼓励我定位目标读者、选取内容和行文风格（非幼稚化）。她还从小读者的角度修改"写在前面的话"。她分享试读书稿的体会，认为本书的重要贡献之一，就是让未成年人认识到，人们很多日常默许、习以为常的举动，其实可能是对别人身体和精神的侵犯行为。

这对我是极大的鼓舞。

感谢耿日美（儿童游戏治疗师）、徐驰（深圳社工）、周歆媛（中国科学院启智儿童发展中心心理咨询师）在预防儿童性侵犯领域与我同行探索多年，为本书的实用性、丰富性奠定了扎实基础。

最后，衷心感谢本书责任编辑张曼女士、龚风光先生，感谢插画师刘伟，感谢装帧设计师梁潇，为小读者奉上一本温暖、友善的小书，使保护自己免受性侵犯的行动更具美感。

龙迪

2019 年 10 月 8 日，北京

MARK
麦客文化